陪伴女性终身成长

一日一舍

[日]铃铃希 著

安忆 译

江苏凤凰文艺出版社
JIANGSU PHOENIX LITERATURE AND ART PUBLISHING

物以少为贵，少也是一种富足。舍弃了多余的东西，才能发现真我

使用少量的物品，拥有少量的衣服，过极简的生活。

曾经有一段时间，人们认为这样的生活和富足毫无关系，甚至还稍显得有点“穷酸”。那时，人们对这种生活方式有一种误解，认为过这样的生活就会与幸福感、满足感背道而驰，是一种寂寞的生活……

不断购买各种物品，装点狭小的房间；每一季都买新衣服，一件接着一件。在物质富足的现在，很多人都认为这才是生活的乐趣，拥有大量物品才代表着生活的富足。曾经的我也是如此。

但是，真的是这样吗？富足的生活难道就是拥有大量的物品吗？

很多人到了今天才隐约意识到这种想法似乎不太对。买了很多东西，拥有了很多物品，却很难获得踏实的满足感和安全感。我们渴望拥有下一件物品，却又在得到的瞬间觉得不是很需要……如此循环往复。

我们总是追求廉价的新鲜感，沉浸于无止境的物欲，在意别人对自己的评价和看法。一直过这样的生活，体验这样的人生，真的会快乐吗？

可是，要怎么做才能从这种生活中挣脱出来，怎样才能活出属于自己的精彩，要怎样才能回归“真我”呢？

答案就是“学会对物品放手”。

只有对物品放手后，才能发现什么是真正的富足与精彩。

偌大的房间即便没有太多的物品，也已经足够“丰富”。因为整个空间不仅清爽整洁，空气也很清新，充满了舒适与惬意。

从重视“物品”的生活转变为重视“人”的生活。

在翻阅本书时，不妨试着想象一下这样的日常生活吧！

铃铃希

目录
CONTENTS

CHAPTER

通往极简生活的转折点

CHAPTER

极简衣橱带来的幸福

CHAPTER

极简空间带给我的品质生活

CHAPTER

极简家务让我学会感恩

CHAPTER

极简消费让我“物欲、存钱双满足”

CHAPTER

极简生活让我懂得真正的满足

本书说明

* 本书采用的汇率为：100 日元≈ 6.34 人民币；

* 为方便理解，换算后金额均保留至小数点后一位；

* 不具有实际金额意义的，将不作换算。

通往极简生活的转折点

CHAPTER

1

01 舍弃不用的物品并不可惜

在我拥有超过 100 件衣服时，我会经常审视自己的穿搭，时不时地进行舍弃。每当那时，我还会因为自己重新整理了一番衣橱而感到分外满足和愉悦。

但实际上，我用的是“为了拥有更多”的舍弃方式——我从手头的衣服中挑出 3 件最不喜欢的丢掉，再买 5 件新衣服，结果就是比以前还多出了 2 件。虽然有所舍弃，但拥有的衣服却比以前更多了。

因为反复进行这种自欺欺人式的舍弃，我的衣服一件一件，如同脂肪一样不断堆积，慢慢增多。

为什么我会采取这样的舍弃方式呢？

“将买回来的衣服丢掉实在太可惜了。”——没错，就是因为这种心理，觉得万一丢掉之后又要重新再买实在太浪费了。其实，拥有这种心理的根本原因是害怕失去。

后来我终于明白了一个道理，最可惜的其实是将衣服买回家但不穿。当买下不会使用的物品时，就已经是浪费了。因此，“丢掉太可惜了”这种说法是不准确的。

当我们买下根本不会使用的物品时，相当于已经浪费了这部分金钱。所以，不论是将这件物品持有 10 年，还是买回来 3 天就丢掉，两者的浪费程度并没有什么区别。

不肯舍弃不用的物品，就永远无法挣脱“浪费可惜”的魔咒。面对物品，我们只能选择使用或舍弃。除此之外，别无其他选择。

我们无法舍弃物品，最根本的原因是难以判断物品是否还会使用，因此才会选择“那就先放着吧”这种逃避的做法。即使我们心里知道，已经不会再使用这个物品了。

我们会心平气和地买下不会使用的物品，却又固执地认为舍弃物品很可惜，这究竟是为什么呢?

转变观念，从尝试舍弃开始

比如我有一条黑色短袖连衣裙。对我而言，这是一条长时间享受特殊待遇的裙子，一直没怎么舍得穿。不过最近，我频繁地穿起这条裙子。到现在我才发现，它穿起来如此舒适，洗涤保养也很方便。过去是因为太过喜欢才不舍得穿它，现在想来，真是太可惜了！

真正的“可惜”应该指的是这种情况。

比起将外出的衣服当成家居服，买回来却完全不穿显然更可惜、更浪费。舍弃物品难免会伴随着痛苦。然而，不经历这个痛苦的过程，我们就无法彻底改变生活方式和思维方式，依旧过着拥有大量物品，既不舍弃，也不好好利用的生活。

所以，我想告诉大家，尝试舍弃一次吧！只要下定决心舍弃一次，就能懂得其中的奥秘。

前两年买的连衣裙。
因为太过喜欢，只在外出时穿。
现在在家也能很放松地频繁穿着了。

02 每个人都有自己的舍弃之道

“为什么会想要舍弃物品，进行断舍离呢？”这是极简主义者经常会被问到的一个特别基本的问题。

不过，我的“舍弃”在一开始既无目的也无愿景。我只是一时心血来潮，突然开始大量舍弃物品，只用了不到一个月，准确来说是两周左右的时间，就变成了现在的生活状态。

不想再继续这样的生活了，我想要改变现在的生活状态，想要重获属于自己的精彩。

我并不太清楚为什么，只是一心希望打破现状，便不由自主地行动了起来。可能每个人开始舍弃物品的契机都不一样，但只要决定开始，为什么开始就没那么重要了。

整理只能靠自学成才

“过简单舒心的生活”，诸如此类的信息总是充斥在我们的周围，以此为契机，参考一下他人的整理方法也是非常不错的选择。

踏出第一步后是否能真正坚持下去，就全靠自己了。不用完全照着专业整理师的步骤去做，也不用生搬硬套，而是要学会借鉴他人的方法，并根据自己的生活方式进行取舍，通过亲身实践，总结出一套适合自己的方法。我想这样才能够真正称得上是属于自己的舍弃之道。

整理本身就是一种生活方式，也是我们自身的写照。

如果一遇到困难就向他人求助，到头来不过是“模仿”他人的人生罢了。整理是一种只能通过自学才能获得的技能，也是自己与自己的对峙。我希望大家能够鼓起勇气，通过整理找到属于自己的精彩生活。

BREAD
P M U L C
H S A G
D Q R F I
K W B M
L X N O E
9
5

在两周的时间内，我舍弃了囤积的大量物品，
仿佛经历了一场洗礼。
一直努力装饰房间、打扮自己，虚张声势的我，
感觉找到了真正的自己。

03 舍弃大量物品，坏情绪随之消散

以前的我很容易生气。

困惑、不安、悲伤、孤独、不堪重负、觉得无法接受、想要寻求帮助……这些情绪总是轻易地转化为怒火，而我只会用发脾气的方式去逃避。

用发脾气的方式发泄自己的坏情绪实在是有百害而无一利。发脾气会让别人觉得你幼稚、麻烦，不想与你打交道。这些道理我其实都懂，但坏情绪找来时，我还是轻易被它打败。总之，那时的我无法控制自己的坏情绪，只能任凭它肆意爆发。现在，我已经学会如何与自己的坏情绪打交道，或许是为了让别人觉得自己很成熟、很稳重，是值得信任并共事的。而我也非常享受这种仿佛自己无所不能的感觉。

一个成熟的成年人随意对周围的人发泄自己一团糟的情绪，不仅会给他人带来麻烦，还会让别人对你心生厌恶。我曾一度放任自己变成一把“坏情绪机关枪”，对着周围的人任意宣泄，不知给他们造成了多少不愉快的经历。现在回想起我过去的所作所为，真是羞愧难当，只觉得后悔万分，由衷地想跟大家道歉。

事实上，当你对周围的人发泄坏情绪时，发泄出去的情绪会原封不动地返回到你自己身上。焦虑不安、自暴自弃，更多糟糕的事情和坏情绪接踵而至，继而引发一连串的麻烦事。举个简单的例子，有时我会因为焦虑不安而不慎将小脚趾撞在柜脚上。沉浸在坏情绪里只会让自己不断陷入各种不幸。

从舍弃中找回自我

被坏情绪主宰时，我最想说却又最说不出口的话是“我受到了伤害”。自尊心作祟又感到不好意思，所以我真的说不出口！不过，开始极简生活后，我便一点一滴重拾情感，审视自己，渐渐学会了通过发脾气以外的方式来表达自己的情绪。舍弃物品让我开始正视过去不断逃避的难题，尽管在这一过程中我也遇到了许多困难，但每一次碰壁，都让我切身体会到“人贵有自知之明”的真正含义。

以前我一直认为，很多事情因为有我的帮助才得以顺利完成。可现在我明白了，真正受到帮助的人恰恰是我自己。我能走到今天，多亏了家人们的支持。当我能直接并坦然地通过语言表达“真对不起”“谢谢”和“请帮帮我”时，我与家人的关系开始出现令人欣喜的变化。

通过舍弃，长久以来深藏在心底未曾表达过的情感，仿佛找到了出口，能够自然而然地传达出去。将很多东西舍弃之后，我的心情也变得轻松快乐起来。坏情绪逐渐消散，这种感觉就好像舍弃囤积的物品后，空旷的房间里吹进了一阵清风。

极简衣橱
带来的幸福

CHAPTER

04 用 12 件衣服打造具有个人风格的超精简衣橱

不久前还说要买一条紧身裤，可转眼又说想买一条阔腿裤！明明说要买棕色，可到手之后又觉得马卡龙色更时髦！

广告媒体可从来不管大众钱包的承受能力以及衣橱的收纳能力。人一旦被媒体制造出来的流行所左右，便会难以控制地买个不停，更别提减少衣服了。所谓的“必买单品”和“终身单品”都是幻想罢了。

衣服只有两种，“会穿的衣服”和“不穿的衣服”。只此两种，就这么简单。

过去的我执迷于购买被称为“终身单品”的衣服。但现在不一样了。现在的我听到“终身单品”，一定会表示怀疑。因为衣服是由纤维编织而成的，穿过之后一定会有磨损。

如果只是挂在衣橱里每天看几眼，那倒是有可能成为“终身单品”。可这样根本就算不上是衣服，因为衣服只有被人穿在身上才有意义。

12 件衣服对现在的我来说刚刚好

现在的我仅拥有 12 件衣服。

它们都是我精心挑选的精品，没有一丝犹豫和妥协，“臃肿的衣橱”不复存在。我很喜欢现在的衣服。虽然是极简主义者，但我依旧希望能享受具有个人风格的穿搭。这 12 件衣服对于既追求极简，又在乎品位的我来说，不多不少，恰到好处。

正因为拥有的衣服数量很少，才能带给人毫无负担的便捷与舒适，不再需要花大量的精力对衣服进行管理、呵护和收纳。这 12 件衣服我每一件都会穿，每一件也都很喜欢，而且每一件对现在的我而言都非常合适。它们是如此重要的衣服，所以我会频繁地穿。而且我一般都在家手洗，减少磨损，因此每一件都能穿很久，如果磨损严重我就重新买一件。

生活就是这样的循环往复。这本是非常理所当然的事情，可我到今天才真正学会。

1
UNITED ARROWS
green label relaxing
“BRACTMENT”
圆领针织衫
（灰）

2
（黑）

3
Plage
泡泡袖棉质衬衫
（白）

4
（黑白条纹）

5
CINOH
落肩宽松高领针织衫
（深蓝）

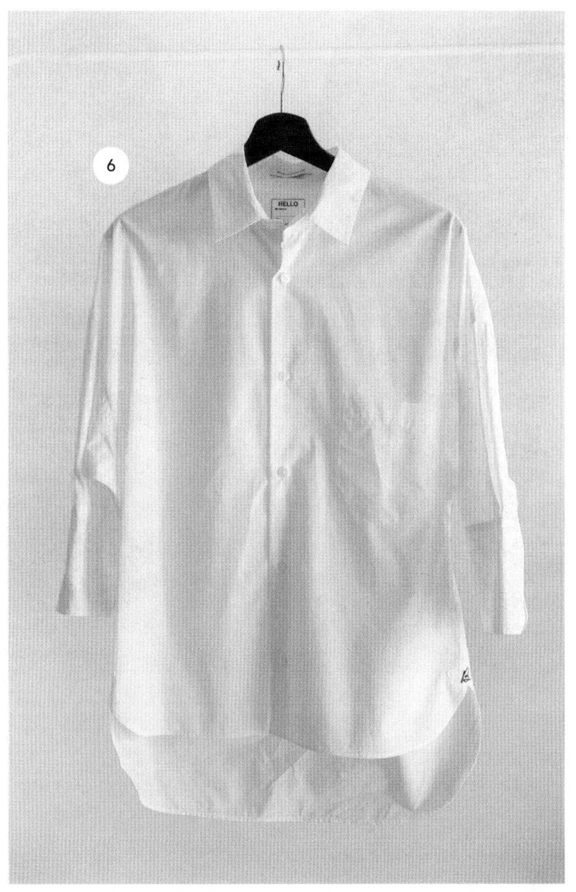

6
MADISONBLUE
J.BRADLEY
衬衫
（白）

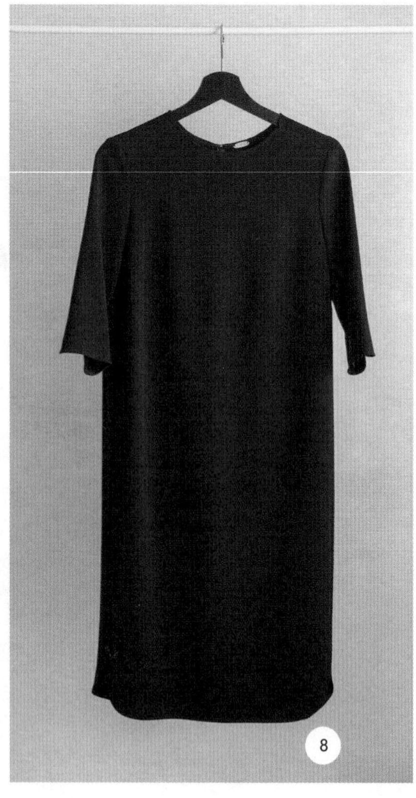

7
Deuxieme classe Noire
V 领长款连衣裙
（黑）

8
Muse Deuxieme classe
抗皱混纺七分袖连衣裙
（黑）

9
BEAMS LIGHTS
褶皱半裙
（黑）

10
Deuxieme classe
DOUBLECLOTH
A 字裙
（黑）

11
Deuxieme classe
抗皱混纺外套
（黑）

12
REALITY STUDIO
茧型大衣
（黑）

* 8 与 11 可搭配在一起穿。

A	B	C	D
Acne Studios 羊毛披肩 （灰）	OLIVER PEOPLES 墨镜 （黑）	BROCKTON GYMNASIUM 针织帽 （黑）	FALKE FAMILY TIGHTS 打底裤 （黑、灰）

05 少而精，12 件衣服的反复穿搭法

12 件，只有 12 件，而且其中没有一件华丽亮眼的单品。这组衣服中只有简简单单的白、黑、灰和深蓝等基本色。

明明只有这么几件衣服，却一直百穿不厌。连我自己都没搞明白这其中的原因。在拥有大量衣服的过去，一件衣服只穿一次便不想再穿了，这种事是家常便饭。

我所仅有的这 12 件衣服，每一件的“出勤率”都很高，尽管经常清洗，但触感依然十分柔软。这些单品不需要熨烫也能保持平整，每天的护理工作十分轻松。

衣服数量少，意味着要时常清洗，所以我的衣服总是散发着刚洗过的清新味道。

身穿刚洗好的衣服的幸福感

过去，我的衣服总是有一股衣橱的味道。

衣服太多，导致清洗收纳后到下一次再穿，中间会隔很长一段时间。所以我总像是穿了一个衣橱在身上。那时，我的衣服给人一种无法顺畅呼吸的感觉。

不过现在，我觉得衣服在自由呼吸，就像被赋予了生命一样。因为经常清洗，衣服总能保持干干净净。不论穿哪一件，都让人身心愉悦。

我已经不会再买自己不穿的衣服了，所以每一季的打折特卖我也不再关注。以前，每次看到买来还没穿的衣服在特卖中打折，心里总会觉得自己吃亏了，忍不住又多买了几件。这样的事一到打折季就会发生，我自己心里明明非常清楚，可依旧每年重复着这种消费行为，以至于自己总是愤愤不平，甚至火冒三丈。现在看来，这些往事真是让人感慨万分。

4 + 9 + B + I + J + O

* 鞋子（E、F、G、H、I）详见 P035；包包（J、K、L、M）详见 P039；
首饰（N、O、P）详见 P051。

3 + 9 + B + E + L + O

6 + 9 + I + M + O

7 + F + J + N + O

2 + 10 + B + C + D + G + K

1 + 10 + A + H + K + P

5 + 10 + G + J + L + O

5 + 6 + 10 + D + F + J + O

06 1 双浅口高跟鞋，打造迅速提升好感度的穿搭

我第一次穿高跟鞋是大学开学典礼那天。抵达学校时，我已经因为鞋子磨脚而寸步难行。脚后跟非常疼，还渗着血。所以每张开学典礼的照片中，我都是一副哭丧着脸的苦闷表情。

因为这段痛苦的经历，我曾一度对穿高跟鞋产生了严重的心理阴影。不过最近这几年，我又开始穿高跟鞋了，而且几乎每天都穿。因为 45 岁后的某一天，我突然发现了一个秘密——只要穿上高跟鞋，普普通通的穿搭便会一下子增色几分，好感度也会迅速提升。

当以往合适的休闲穿搭突然看起来不再合适的时候，我经常会对着全身镜中的自己仔细观察，并深入思考不再合适的原因。人们往往会误以为是衣服的搭配出了问题，但其实

这种不协调感大多源自鞋子。

外表是内在的直接反映

初次见面时，一个人的身材和长相是人们关注的重点，影响着第一印象的好坏。但仅仅是这些吗？不！鞋子和脚也是影响第一印象的关键因素。

与我年龄相仿的女性中，有很多人形象气质俱佳，但不少人因为脚上穿的鞋子或者裸露的脚后跟，在不知不觉中让自己的形象打了折扣。我觉得因为鞋子或脚，破坏了自己在他人心中的美好印象着实可惜。

在确认自己的鞋子状况时，我建议大家拍一张鞋子的照片。因为在照片中的鞋子才是别人眼中看到的样子。最近，我将心爱的拖鞋（P35 E）降级成了玄关用鞋。其实，单从我自己的视线来看，这双鞋还能再坚持一季。然而拍成照片一看，却发现实在是不能再将就了。

衣服和鞋子都代表了我们自身。人们总会先以外在的第一印象去判断一个人，而了解一个人的内在难免会被排在了解外在之后。一旦从外表就被判定“对这个人没好感”，那么就很有可能会失去被了解内在、进而成为亲密朋友的机会。

这双凉鞋的鞋后跟设计令人眼前一亮。
我已经将它从“居家鞋”升级为“外出鞋”。

E　BIRKENSTOCK 拖鞋（黑）

F　TRIPPEN ORINOCO 踝带凉鞋（黑）

G　GOLDEN GOOSE 低帮板鞋（白）

H　Odette e Odile 尖头高跟鞋（灰）

I　Odette e Odile 尖头高跟鞋（黑）

07 现在的我只需要 2 个斜挎包和 2 个小钱包

刚开设极简生活博客的时候，我一共有 4 个大包。当时我认为这 4 个大包每一个都必不可少，绝对不能舍弃。然而忽然有一天，我明白了自己其实不需要大包，不需要重的包，也不需要廉价的包，于是便一个接一个地舍弃了这些不再需要的包。

如果说，手头只能有一只包，我发现自己最需要的是灰色的包。“如果现在的穿搭中能加上一只灰色的包该有多好呀。”

开始极简生活后，我只买过一只水桶包。那是时隔 3 年后的再次选购，我并没有犹豫不决，很快就选择了对于当时的自己而言最需要的包。

将物品减少到极限，就会了解自己真正的需求

拥有一大堆衣服、鞋子和包包时，很难搞清楚自己应该买什么颜色的包。更有甚者，连自己应该买包还是买鞋都不知道。结果买错了东西，新物品刚入手便觉得不再需要了。在成为极简主义者之前，我每天都重复着这样的购物过程。

大家有没有过这样的经历呢？明明肚子已经很饱了，但还是想吃东西却又不知道该吃什么好。这是因为过于饱足时，人反而无法真正把握自己的需求和喜好。拥有的衣服、鞋子和包包太多也是一样的。因为拥有得太多，反而对自己应该穿什么、买什么一头雾水。

这时候，不要勉强自己进食（或购买），应该静静等待清晰的“饥饿感”的到来。只有当肚子饿得实在受不了时，才会清楚地明白，原来自己想吃的是那个！

简言之，人只有在匮乏时，才会明白自己真正需要的是什么。

我想每一位极简主义者都能很好地理解这一点。因为当拥有的物品减少之后，就会自然而然地明白这个道理。将拥有的物品减少到极限，就会发现自己真正的欲求，了解自己内心真实的想法。

正如在断食后喝粥都会觉得格外美味，减少持有的物品，进入真正的“饥饿状态”后，自己的感官也会变得敏锐起来。一旦体验过这种快感，就再也不想变回“迟钝的自己”了。

最后只剩下1个包时，我才明白原来自己真正喜欢的包是它。那么为什么之后我又买了新包呢？这是因为一旦将物品减少到只剩最喜欢的那一个时，这一心爱之物的磨损也会大大加快。钱包也是如此，以前我只有一个斜挎式的长钱包，后来又买了一个新的小钱包。因为我需要一个能放入大包中的小钱包。

也许只有拥有了能够长久使用的好物时，才能真正理解对自己而言合适的数量究竟是多少吧。

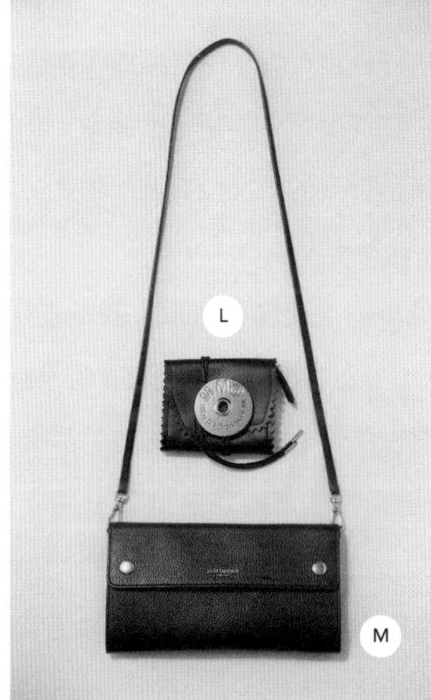

J
J&M DAVIDSON Drawer
定制款水桶手提包
（黑）

K
STELLA McCARTNEY
鹿皮迷你斜挎包
（灰）

L
MM6 Maison Margiela
两折款钱包附带零钱包
（黑）

M
J&M DAVIDSON
斜挎式长钱包
（黑）

08 穿衣不将就——只留下最适合自己的衣服

在减少衣服的过程中，最让人头疼的就是那些凑合能穿的衣服。如果一件衣服一点都不合适的话，就能毫不犹豫地舍弃，可如果它凑合能穿，舍弃的难度便会陡然加大。如果那件衣服恰巧还很贵，那就是难上加难。

对我来说，牛仔裤就是凑合能穿的衣服。我一直认为，牛仔裤是女性的必备单品，很好穿搭，所以一直留着没有扔。

有一段时间，我特别想要一条自己喜欢的造型师推荐的紧身牛仔裤，其结果就是我将所谓的经典的却不适合我的“牛仔裤 + 白衬衫 + 风衣”三件套悉心收藏了好多年。

我从没遇到过一个店员诚实地告诉我：“您的脖子不是很细，也不长，所以这件白衬衫其实并不适合您。”很多时候买衣服都是在试衣间里看起来觉得还可以，再加上买新衣服带来的快感的推波助澜，就会让衣服看起来好像特别合适，其实不然。过去的我长期处于这样的状态：我根本不知道真正适合自己的衣服是什么样的，于是拥有了一大堆凑合能穿的衣服。

凑合能穿的衣服 = 不怎么合适的衣服

如果真心想要减少衣服，就必须清醒地认识到所谓凑合能穿的衣服真的是你在凑合着穿而已。换句话说，凑合能穿的衣服其实就是不怎么合适的衣服。大家穿着凑合能穿的衣服会感到内心雀跃吗，会对这一天的自己充满自信吗？

一直穿一些凑合的衣服，无法发现其他更适合自己的衣服。那我们为什么要这样做，这到底有什么意义呢？明明我们人生的每一天都如此珍贵！

我的衣橱，我说了算

一周有 7 天，一年有 365 天，但我们的身体只有一个。就算有一大堆衣服，每件衣服真正能穿到的次数其实非常有限。比如，我的衣橱里一直没有正式场合穿的正装和礼服。对于我来说，只拥有外出时也能穿的、整洁清爽的日常服就足够了。

在减少衣服时，最需要注意的是我们自己的生活方式，首先应该清晰地了解自己的生活方式。杂志上经常会刊登“一周穿搭计划”，看到模特使用有限的衣物组合出各种各样的穿搭，我们便会忍不住想这些衣服搭配得太棒了，我也想要拥有同款穿搭。

可即便照搬“一周穿搭计划”买来全部的单品，我们就真的能像模特一样按照同样的穿搭度过一周吗？答案当然是否定的。

这是因为杂志中给模特设定的穿搭场景与现实中我们真正的生活场景、外出的目的地、乘坐的交通工具等，几乎完全不同。更为关键的是长相和身材也不一样啊。

所以，我们只能自己思考穿什么、怎么穿。这都是我之前一直购买与自己风格不相符的衣服而交了大量的“学费”之后最终悟出的道理。

数一数自己真正喜欢穿的衣服的数量

我的衣服只有 12 件。

我的衣橱被非常适合我的衣服填满，所以我非常满足。

不论什么时候，我都能很快地决定适合自己的穿搭，而且不论怎么搭配，对于现在的我来说一定都非常合适。最重要的是衣服的挑选、搭配、管理和收纳都变得简单起来。那些因为不知道如何穿搭而产生的焦虑和不安也随之不复存在。

也许会有人觉得，12 件衣服也太少了吧？难以置信！这只是因为你还没发现自己真正喜欢穿的衣服。试着数一数自己真正喜欢穿的衣服吧，也许大家能数出来的，也就只有这么多。

09 根据自己的生活方式调整日常服和外出服的比例

我也有睡觉时穿的衣服，但纯粹的家居服却一件也没有。早上起床，家人们都出门后，我便会换上 12 件衣服中的某一件。

“没有家居服真的没问题吗?”这个问题实在是被问了太多次了，所以有一次我特意做了一个实验。在特别疲劳的某一天，我一直穿着睡觉时穿的 T 恤没有更换，只换了下半身的裙子，尝试着度过懒散堕落的一天。原本我以为自己会过得悠闲舒适，身心也能得到很好的放松。可不知为什么，那天我反而觉得更加疲劳，整个人就好像一团烂泥。也许身体确实得到了休息，可我却有种说不上来的不太舒服的感觉，总觉得精神上更加疲劳了。

也许，一定程度地收拾好自己的外表，可以为自己打开“开关”，让自己切换到另一种状态，从而不容易感到疲劳。这是我的亲身感受：在舍弃了家居服之后，我每天的家务都变得更有趣了。我切实地体会到，自己在家中度过的时间的质量得到了提升。

为什么明明有一堆衣服却还是觉得没衣服可穿？

以前的我一直觉得家居服必不可少。然而不知道为什么，有段时间我却沉迷于买外出服。穿着它们不方便行动、连坐下都比较困难，只能穿着外出办事。我买了一大堆完全不能用来做家务、只能外出穿的正装，可我明明是个家庭主妇啊。

结果，我根本没什么机会穿这些衣服，很多都是基本没穿就已经不再需要了。我买了一件又一件，家里有一堆衣服，却总觉得没衣服可穿。那时，我一直都不明白这其中的原因，也一直为此苦恼不已。

后来，在买来又丢掉、买来又丢掉，不断丢弃的过程中，我终于明白了——原来我一直在买不适合我的生活方式、错误类型的衣服！

重要的不是衣服的数量而是比例

在实践极简生活的过程中，关于衣服，人们会更多地关注拥有的数量以及衣服之间的组合搭配。然而，真正重要的并不是衣服的数量或组合搭配，而是符合自己生活方式的衣服在所有衣服中的占比。

就拿我来说，我的生活几乎都属于日常范围，很少有需要出席特殊场合的机会。所以，我所需要的应该是大部分的日常服。而我过去的错误恰恰在于衣橱里有太多用不上的外出服。那些日常生活中不适合穿的特殊场合的衣服占比太高。现在的我能清楚地认识到这一问题。

按照我的生活方式，我所拥有的衣服的正确比例应该是“日常服：外出服 =9 ：1”。在以前，这一比例几乎是完全反过来的，差不多是 2 ：8。所以过去的我每天都会觉得没衣服可穿。

那些买来却没机会穿的衣服，一大半都是因为一时冲动而买下的流行款和高价款。舍弃它们时我非常痛苦。我能回想起很多件我从没穿过就舍弃的外出服。在出售二手衣物时所写的商品介绍里，我真想加上一句：“没穿过，只挂在家里看过！”

穿喜欢的衣服，一整天都会拥有好心情

现在的我需要的是自己喜欢的日常服。当我充分理解了这一点后，我从注重穿搭转变为注重舒适性。

对我而言，日常服最关键的是能穿着做家务。另外，除了外套，能在家清洗护理也是非常重要的。除此之外，款式也不能太居家，要能穿着外出。这样的衣服，只要认真去选还是能找到不少的。

穿着款式过于随便的家居服，这一天就会变成随便的一天。同样是过一天，就算不用外出，我也会穿上自己喜欢的衣服。这样做能让自己一整天都有好心情，并且效果非常显著。

10 减少物品，从减少物品的颜色开始

刚立志成为极简主义者的那段时间，我无法舍弃金色和银色这两种颜色的首饰。当时我认为两者缺一不可，如果减少一种颜色，会让原本就由少量衣物组成的穿搭更受限，搭配也会更不自由。

我将头发染成棕色或黄色等较亮的颜色时，很喜欢搭配金色的首饰，可等头发恢复到原本的黑色后，我便渐渐变成了银色首饰的忠实粉丝。虽然我现在是黑发，不过随着年龄的增长，以后头发会渐渐地变成灰色，最后甚至变成白色。从生物学的角度看，我的头发不可能自然地变成棕色或金色。

而且我的瞳孔也是黑色的。找遍全身，哪儿都没有和棕色相关的元素。如此想来，考虑到自己变老后的样子，相较

于金色，现在的我更应该保留的不正是银色吗？而且衣服的配色只有白、黑、灰和深蓝，在此基础上加上银色的修饰也十分和谐。

将首饰统一成一种颜色，轻松打造时尚感

我下定决心舍弃了金色系的首饰，只留下了银色系单品。这样会让我的穿搭更艰难、更无趣吗？

不，恰恰相反！我反而感到更加自由，搭配起来也更加轻松。

当我们拥有各种颜色的首饰时，为了与之搭配，就要买各种包包和鞋子，然后又发现还需要买更多新的东西。结果，拥有的物品的数量就变成了原来的两三倍。过去的我就是这样。

小的装饰物要考虑配色与点缀效果，而首饰则要看颜色与质感。“购买大量单品，根据穿的衣服、自己的心情和外出的目的地巧妙区别佩戴，享受时尚的乐趣。”——这样的宣传语充斥于各种商品广告中。然而却没有人会告诉你，如果将首饰统一成一种颜色，会让穿搭变得更轻松。

款式相似的单品，试着仅保留喜欢的颜色

如果想让整体的穿搭风格更简洁、更高级，想要尽可能地减少物品的数量，那么，减少色彩就是相当有效的方法。

如果手头有三件款式类似的单品，可以选择留下颜色最喜欢的那款，将其他两款舍弃。这样是不是就比较容易做到呢？

不是单纯地舍弃，而是挑选喜欢的单品，虽有不舍，但也不会有很不愉快的感受。因为这样一个过程会让你明确地感受到，自己拥有的物品全部变成了自己的心爱之物。

减少颜色是减少物品数量最直接、最有效的方法。对此，我深有感触并深信不疑。

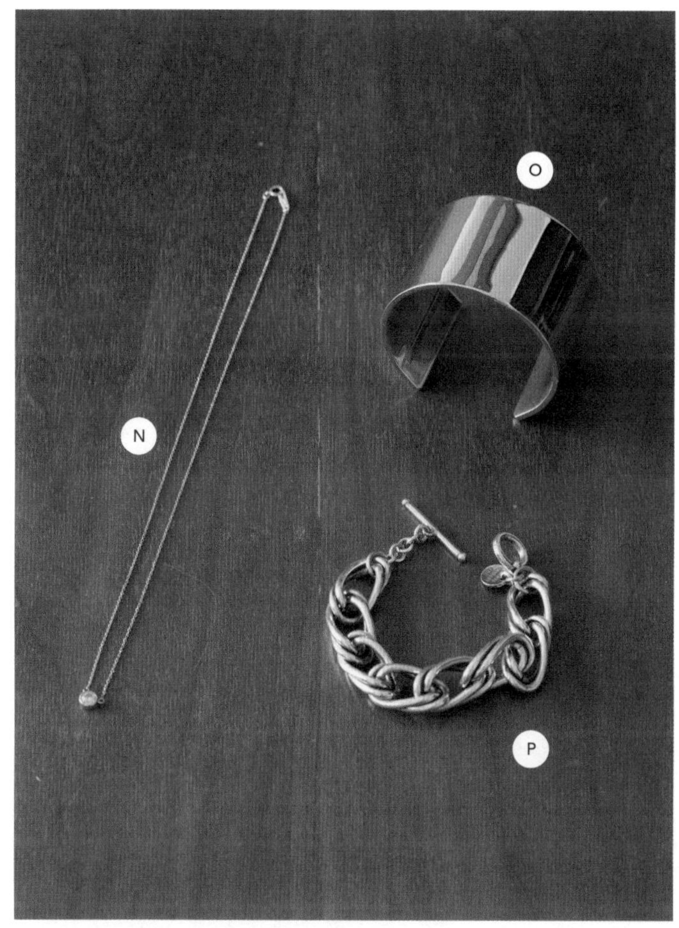

N 单颗小钻石的项链（将结婚戒指重新设计制作而成）

O UNITED ARROWS 银色手环（4cm 宽）

P PHILIPPE AUDIBERT Drawer 定制手链

11 1 秒钟判断是否仍然需要

你有过再次购买同款衣服的经历吗？你是否有勇气再购买一件现在仍在穿的衣服呢？我有过两次类似的经历。

第一次是一条卡其裤。在穿过几次后，我渐渐发现了一个恼人的事实——这条裤子买大了。自从发现买大了之后，我就再也不能安心地穿了。一想到裤子大了一码就烦恼不已，最后实在忍不住买了同款小一码的裤子。

第二次是一件大衣。那是我很喜欢的一件大衣，却偏偏在第一天穿的时候弄破了。而且是毫无缝补余地地破了一个大口子。那天，我有急事要骑自行车外出。因为重心不稳，慌乱中想单腿撑地把车停下来，脚上的高跟鞋鞋跟戳破了大衣下摆。脚落地的瞬间，扎出的小洞一下子被扯开，变成了一个长二十多厘米的大口子。

卡其裤还算没有浪费，因为我把那条尺码不合的裤子送给了朋友。然而弄坏的大衣只能丢掉，明明是第一次穿的新衣服，真是太心疼、太难过了。尽管非常喜欢，但重新购买时还是觉得钱包受到了重创。

“真正需要的东西”是无法轻易舍弃的

当我依靠少量衣服生活时，我发现自己产生了一种拥有大量衣服时所没有的紧张感。打个比方来说，那感觉就好比当上了一支没有替补选手的球队的教练。

如果有替补选手，就像那条卡其裤一样，虽然感觉有些不合适，但也能凑合着穿。然而，一旦变成只有一支队伍，就会无法容忍这支队伍里有不好用、不合格的选手。我这可真是魔鬼教练的心态。

“反正要买新的，不如买一个款式稍有不同的吧！”——这种想法在我这里可行不通。因为我为数不多的衣服，每一件都是自己精挑细选才买下来的，它们都是长伴我左右，值得信赖并拥有实力的“精英选手”。如果换成别的选手可要伤脑筋了。这些衣服都是对于现在的我而言绝对不可或缺的必需品，是无法轻而易举就能被舍弃或替代的。

学会思考“在舍弃后是否会再次购买同款”

在舍弃后，是否会重新购买一件一模一样的呢？这正是1秒钟判断是否仍然需要的方法。

如果失去后还是会再去购买一件一模一样的，那就是需要的衣服。

如果并非如此，只是觉得有需要时再买，或者不要一模一样的，可以买稍有不同的款式，那极有可能就是一件不需要的、即使手头没有也不会感到困扰的衣服。

舍弃的基准，归根结底大都在这一点上。不仅是衣服，首饰等小物件也是如此，汽车、家用电器等大件又高昂的物品同样如此。

再次购买意味着支出，确实需要勇气。因为要再次花费一笔钱，对谁而言都会产生心理上的压力。对于那些没有也无所谓的东西，你会愿意再次花钱吗？我想，大部分人都会考虑再三吧？

无论是喜欢或厌恶，还是需要或不需要，其判断基准都不是特别明确。就连舍弃了很多东西，积累了大量“断舍离”

经验的我，有时也会迷惘、犯错。

越是这种时候，就越应该扪心自问："这件东西我还会再买同款吗？"这样一定能够发现自己的真实想法。那些让我们毫不犹豫地回答"会买"的物品，就是自己真正需要的物品。

12 如果实在不知道该舍弃哪些衣服，就尝试整理出 7 天的旅行穿搭

这是我在旅行入住酒店时突然察觉到的事。

当我们收拾旅行中要穿的衣服时，大多都会以每天一套穿搭的规则，事先搭配好再装入箱子中带走。这样早上换衣服时，就不会犹豫不决。这是一种简单、方便又省时省力的“固定穿搭法则”。我不仅在旅行中会用到这个法则，平时在家里也会用到。

如果你真的想要减少衣服，那就假想一个为期 7 天的旅行并尝试整理行李，这或许是个行之有效的方法。难得外出旅行，我想没有人会特意选择那些不喜欢、不合身或者已经磨损的衣服吧？

“这件衣服在家可以穿，但不想在旅行时穿。”——会让

你产生这种想法的衣服，多半就是该舍弃的衣服。收拾行李，或许能让我们更加客观而严格地判断日常生活中不容易察觉到的“需要与不需要”“时尚与不时尚”。

想带去旅行的衣服才是真正需要的衣服

在整理旅行的衣服时，我给自己制定的规则是——只带自己喜欢的、适合自己穿衣风格的、新旧状态良好且穿着舒适的衣服。当我审视自己的穿搭时，我发现自己的每一件衣服都符合这些条件。

那时让我产生的感动之情真是让人难以忘怀！如果是以前，一定会出现这种情况——明明有一堆衣服却没有能带去旅行穿的，只能急急忙忙临时去买几件。

尝试整理出 7 天的旅行穿搭吧，千万别忘了在镜子前试穿。

如果要外出 7 天，你就一定会发现，不能只穿一双运动鞋出门。旅行有好几天，今天可能会悠闲地漫步街头，明天可能会去吃一顿低调奢侈的晚餐，后天可能要长时间乘坐交通工具。

我想，在这个假想的 7 天旅行中，几乎囊括了日常生活中能遇到的所有场景。而且外出旅行一定会拍照、会与朋友们站在一起合影，所以我们的穿着一定要能让我们在照片中看起来年轻、美丽，而不是让自己看起来了无生趣。只有这样，我们才会在镜头前露出灿烂的笑容，才会愿意留下更多照片作为纪念。你希望穿去旅行的衣服才是你真正的、理想中需要的衣服。

打造精简穿搭的秘诀和严选日常用品的关键，或许就在整理行李的这个方法中。

请根据自己的喜好，愉快而严格地进行选择。既然要带着出游，就不可能突破旅行箱的尺寸，将家中的物品一股脑全带走。所以即便是平常不擅长判断哪些物品不需要的人，也不得不在此时狠下心来精挑细选吧？

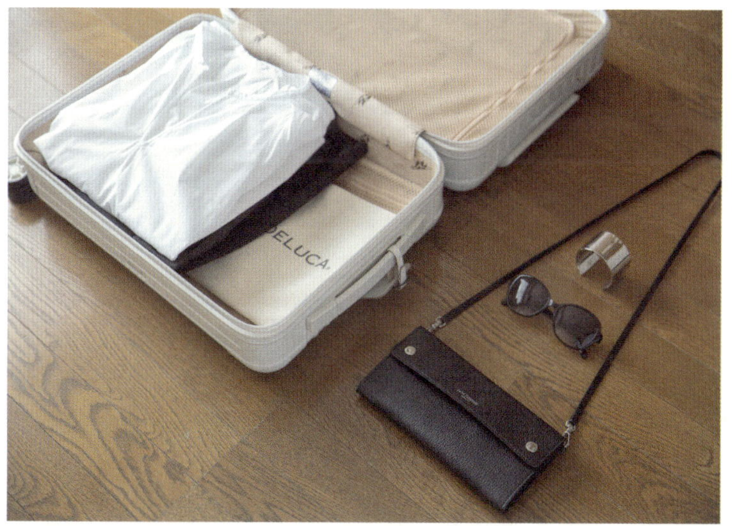

减少衣服的方法有很多。
“整理 7 天的旅行穿搭”意外地能发挥非常好的效果。

13 通过“个人试穿会”，找到不再需要的衣服

每个月的月度大扫除后，我都会将衣服和配饰全部翻出来，平摊在空荡荡的客厅里。

你或许会好奇地问：“这是要做什么呢？”

我要将所有的衣服全部拿出来，一件一件试穿。这可不是在玩，我是在非常认真地检查我现有的衣物。

40 岁之后，我就定期且尽可能频繁地进行这样的“个人试穿会”。只把衣服拿出来摊开，或者只拿到身前对着镜子比照可不行。一定要每一件都实际穿一穿。最好再搭配上鞋子和包包，戴上合适的首饰。衣服与刚买的时候别无二致，一直都适合自己，这种情况只适用于年轻的时候。虽然衣服不会变，但人的年龄在不断增长。以前买的衣服可能已经不再

适合现在的自己了。

40 岁之后，“衣橱里的衣服忽然就不适合自己了”这样惊悚的事会频繁发生。请注意，是频繁，不是偶尔。

以自己的标准，严格地判断是否合适

你的衣橱里有这样的衣服吗？刚买时或者以前穿的时候特别合适，但现在穿却发现一点都不合适。这些衣服因为“曾经特别合适”，所以一直安心地待在我们的衣橱里。如果长时间不穿，我们对这些衣服的认识就会停留在特别合适的状态。但其实，这些衣服只是适合曾经那个年轻的自己。

衣服不会变，但人会变。

所以我强烈建议，一定要认认真真地定期试穿每一件衣服。

上一季还很合适，这一季却变得不适合自己了，为什么会这样呢？或者是很久以前买的衣服现在穿依旧合适。“个人试穿会”的作用就在于此，可以通过自己的眼睛严格地进行判断、筛选。说不定你就会发现一大堆已经不再适合自己的衣服。

想看看搭配鞋子的效果，所以连同鞋子一起试穿。
为了保持现有的衣服都适合现在的自己，
相比购买时，购买后的定期试穿更加重要。

GYMNASIUM

14 舍弃“无所谓的衣服”，才会懂得拥有并穿着心爱衣服的幸福

关于衣服，我以前有一个奇怪的习惯。

那就是我不会马上穿新买的衣服或今年买的衣服，总会尽可能地让它们保持全新的状态。那么，我平时会穿什么衣服呢？——就是那些“无所谓的衣服”。

那些穿了很多年的、旧的、磨损明显的衣服，就是“无所谓的衣服”。我总是忍不住将它们挑出来穿，而将那些新买的、心爱的衣服放在衣橱里，保持全新的状态。过去的我认为这就是所谓的“珍爱与呵护”。

通过舍弃，迫使自己只能穿心爱的衣服

为了清除这种盘踞在我内心深处的“穷酸”与“吝啬”，我对自己下了猛药，将那些“无所谓的衣服”一股脑儿全扔了。在刚清理完时，说实话，我曾感到惶恐与不安。因为手头剩下的全是以前日常选择时会让我想要格外“珍惜”的衣服。

然而，曾经的心灵依靠——那些“无所谓的衣服”已不复存在。既然没有了，也就别无选择，我只能穿那些自己喜欢却又舍不得穿的衣服。“只能穿”听起来是不是有些奇怪和可笑？这些明明都是我想穿才买回来的衣服啊！要是能习惯在日常生活中穿那些想要格外珍惜的衣服，必须进行与之相应的练习。

有一次，我一不小心将番茄酱沾在了心爱的白毛衣上，那时我绝望得差点要昏过去。好在经过小心翼翼地清洗之后，衣服又干净如初了。

在日常生活中穿心爱的衣服，难免会弄脏。过去的我总是对此恐惧不已。不过，后来我发现事情并非如此。每天大大方方地穿着心爱的衣服能给自己带来无尽的愉悦和自信，我终于懂得，买衣服和穿衣服的意义就在于此。这种愉悦渐

渐地融入我的日常生活中，现在身穿心爱的衣服对我而言已经不再是什么特别的事了。

穿“无所谓的衣服”不会带来满足感

除了前文提到的那些“无所谓的衣服”，抱着“有一件比较方便”“打折了买一件吧”的态度而买的衣服，也很有可能会成为新的“无所谓的衣服”。因为这些衣服无法带给人“终于买到它了”的满足感和喜悦感，所以我们会很快就进入下一次的购物循环中。在“下一次可能会满意”的不确定的期待中，浪费了金钱，迷失了自我。反复进行没有自觉的购物，不论何时都无法得到切实的满足。

我希望每一个人都能体会到拥有的都是心爱之物的幸福感。持续不断地购买，不正是因为我们对自己已有的衣服不满意吗？衣服本来并不需要很多。但与此相对的，我希望大家都能毫不妥协地精心选购衣服。只要体验过一次真正的满足，就能停止冲动购物的行为。我的经历就是最好的证明。

“有一件会比较方便”“打折了很划算”，
如果没有停止这样带着妥协的购物行为，
我的衣服可能还在不断增加。

15 发现没有合适的衣服时，就是精简衣橱的好时机

出门前或定期试穿衣服时，我想大家都是通过自家镜子确认自己与衣服的吧。自家的镜子只会映照自己的身影，是比较私密的镜子。然而，这样映照出的自己，会蒙上一层有美化效果的滤镜。换言之，就是对自己以及衣服抱有宽容的态度。

在家里照镜子时，自己的身影与佩戴的配饰看起来会比实际情况好一些。因此，人们常会觉得“嗯，还不错”或者“这个还能用，不需要丢”，很难做出准确的判断。大多数时候，我们看自家镜子中的自己时，都太过宽容了。

比如，在家中化完妆，自以为已经达到了外出妆容的及格线，便高高兴兴地出门去了。可到了商场，或者美发沙龙，

看到镜子中照出的自己，不由得大吃一惊！——大家有过这种经历吗？外面的镜子与自家的镜子照出的自己差异如此之大，在外面看起来起码丑了三四成！

不过，真相往往在外面的镜子里。外面的镜子能照出自己在公共场所中的妆容、服饰与体态的真实状态。是真正不带任何美化效果映照自己的“真实之镜”。

直面现在的自己，判断是否合适

穿着喜欢的衣服开开心心地出门。可在外面的镜子里照出的自己却与想象中大相径庭。明明在家里还觉得自己这一身穿搭完全没问题。但“真实之镜”却毫不留情地照出了其中的真相与缺点。

据说，大脑中关于自己身影的意象会停留在比实际年龄年轻几岁的时候。结果导致拥有的衣服与实际的身姿渐渐地出现偏差，越来越不合适。42岁时的我就曾陷入这种困境。

好奇怪，不论怎么穿都很奇怪。这到底是怎么一回事呢？

与几年前还是30多岁时的自己相比，虽然体重没有很大的变化，但显然问题的症结并不在此。真正的问题是自己对自己的评价太宽容，放松了对自己的要求。我们眼中看到的并不是现在的自己，而是几年前留在脑海中的自己的“残影”。

过去本来穿着合适的衣服突然不再合适时，正是减少衣物，开始量少而质精的穿搭的大好时机。因为舍弃大量不再适合自己的衣服后，今后在选择穿搭时便会更加轻松，也会更容易。

不妨趁此机会，痛下决心，舍弃那些“虽然喜欢却不再合适的”以及“购买时花了大价钱丢弃时却纠结不已的”衣服吧。然后，在下一次购物时，认真地审视每一件衣服，并反复思考这些问题：这件衣服真的适合我吗？打理起来方便吗？现在不买会不会后悔呢？这样一来，就会觉得每次都要问自己这么多问题，好麻烦啊，还不如不买了，进而自然而然地停止多余的购物。当然，如果问完后还是想买，那就是你的“精选之衣”了。

舍弃不再适合自己的衣服，并在每次购买衣服时深思熟虑。只要能坚持这么做，“适合自己的那件新衣服”的形象便会逐渐鲜明起来。长此以往，你的衣橱里就只剩下适合自己的衣服了，这样就能无限接近理想中的“零压力衣橱”！

我的衣服虽然不多，但每一件都非常适合自己。
我的穿搭也从不模仿任何人，有属于自己独有的精彩。

16 舍弃 T 恤，舍弃裤装，是我打造极简衣橱的转折点

2017 年的冬天，我突然意识到自己不再需要 T 恤了。可在不久前的“个人试穿会”上，我还认为 T 恤是衣橱里的必需品。其实我在试穿仅有的 3 件 T 恤时，就已经有所察觉，那是我第一次有不协调感。不过当时我以“现在还是冬天呢”“没关系”等理由暂时蒙混了过去。不过我的心中还是渐渐响起了“要正视这个问题”的声音。

不愿意马上承认衣服已经不合适了，一想到便总觉得有点不甘心，相信这种心情大家应该都能理解吧。那是对年轻的自己恋恋不舍的心情，是“不想面对夏天没有 T 恤穿怎么办”这一难题的心情。如果要给 T 恤投上一张否决票，那就必须拿出更好的解决方案来。我真的能想出办法吗？不过，

不管怎样，我决心已定。我再也不会将问题留到以后再说了。于是，我做出了一个决定——夏天不再穿T恤。

现在的我不再需要T恤和裤装

我舍弃了“T恤是必备单品”这一伴随了我四十多年的观念。那时，我虽然还从没尝试过，但我相信没有T恤也能清爽地度过夏天。那年开春，我便已经成功做到了只把T恤当睡衣穿。

不久，夏天如期而至。而我也意外地发现——穿T恤其实非常热！一旦习惯了穿透气的棉质衬衫，我的身体很快就无法再接受T恤了。虽然我曾坚定地认为夏天最好穿T恤，可事实并非如此。而且同年夏天，我舍弃了所有的裤装。由此看来，夏天大概能帮助我加速舍弃。

对我而言，裤装是能够让少量衣服的穿搭变得更丰富的基础，所以我一直没能舍弃它。

可是，相比裤装我更喜欢裙子。虽然舍弃裤装会有些许不安，但我认为相信并遵从自己的内心是更好的选择，而舍弃裤装，也并不会给我带来任何不好的影响。

人生由点滴的取舍汇聚而成

我不再需要 T 恤，也不再需要裤装。

我们每天都会做各种各样的选择，从物品到衣服，再到生活方式。我想，人生正是由这些接连不断的小小的选择组合而成。

每天反复进行的细微而繁杂的取舍选择构成了一个人的一生。畅想 10 年后 20 年后的自己，然后花时间不断进行自我塑造。这就是我理想中的生活方式。

不要轻易被眼前的事物所局限，最终过着忘了自己到底是谁的人生。我希望自己能成为一个珍视自我、率性而活的女性。

冬天，穿着裙子和打底裤，不仅更加舒适，落座与行动也更加轻松、方便。
“需要裤装”其实是想要更多种类搭配的贪欲，是一种思维定式。

17 减少衣服，就能解决“没有想穿的衣服”的烦恼

临出门还有 10 分钟，却不知道应该穿什么，这是一种非常可怕的体验。在我拥有一大堆衣服时，我经常会有这样的体验。其实不是没有衣服穿，上周才买了一件新衣服呢。但是即便如此，我还是找不到马上能穿的衣服。

不知道为什么，就是没有衣服可穿。明明有很多衣服，试穿后内心纠结要不要穿的衣服在床上堆成了一座山。但就是找不到能穿的。这种状况真是让人焦虑又烦躁。你是否也有过这种感觉？

就算早已在脑海中构思出了搭配，可穿上之后还是觉得不行。衣橱里塞满了平时不怎么穿的衣服，等到要穿的那天拿出来一试，总感觉哪哪儿都不对劲。没时间了！好焦躁！

这种事情在过去是我的生活常态，真是痛苦的回忆。

我不愿失去的并不是衣服

因为不知道应该穿什么，试来试去耽误了时间，最后无法按时出发，这类情况频繁发生。终于，我变成了无法遵守约定时间而迟到的人。

我十分震惊，因为我原本是一个绝对不能容忍自己迟到，让朋友等待的人。一个成年人，因为不知道自己穿什么衣服这种理由而迟到，真是可笑又令人难以置信。我不能容忍这种事继续发生在自己身上。否则，我作为一个成年人的信誉何在？那时我的内心产生了极大的危机感，这也成为之后我舍弃衣服时的强大动力。

我不愿失去的是眼前的这一堆衣服，还是我作为成年人的信誉和重要的朋友们呢？这个问题根本无须思考。

也许是我的衣服太多了吧！如果减少一些衣服会怎么样呢？说干就干！在舍弃大量衣服之后，我意识到衣服越多越好不过是消费主义的魔咒。在魔咒解除的那一刹那，不仅我的衣橱变得清爽了，我的心情也变得更加畅快。

享受不假思索地选衣服的快感

在大冷天外出时，我会毫不犹豫地套上自己心爱的针织衫。下半身可以随意选择，不论哪一件都很搭，根本不用犹豫，只要拿出自己喜欢的那件穿上就好。啊，衣服少可真是太轻松了！

如果需要长时间步行，穿运动鞋会比较方便吧？如果回家路上想要买面包，那就背个斜挎包吧？对于我来说，真正需要考虑的大概只有这些。

只是减少衣服，那个选衣服时犹豫不决、穿了又脱、焦虑不安的我就不复存在了。现在，选衣服对我而言非常轻松。而且所有衣服穿在自己身上的样子我都熟记于心。任何时候，我都能不假思索地搭配出一身合适的衣服。与人有约、需要外出的日子是如此，没有任何安排、在家度过一整天的悠闲日子也是如此。

极简空间
带给我的品质生活

CHAPTER

18 “极简房间”无法一蹴而就

我非常喜欢宽敞明亮的房间，然而不知道为什么，我没办法一下子将房间整理成空无一物的状态。也许是因为以前房间里一直堆满东西、有大量装饰品的缘故吧。当物品突然减少，我会觉得不知看哪里好，所以在家居装饰方面，我采取了一日一舍、慢慢减少的策略。

从有大量装饰品到空无一物的过程中，我曾一度十分喜欢黑白色调的家居用品。现在沙发上的靠垫就是那时候买的。当时的我认为黑白色调统一又美观，特别想在大大的沙发上摆满一整排靠垫。

我果断地买了 5 个靠垫和 5 个靠垫套，如愿以偿地在我家沙发上排满了自己渴望已久的成排靠垫。但后来才发现，它们真的好碍事啊！

曾经憧憬的东西，或许其实并不需要

参考某些杂志、网络上的照片，依葫芦画瓢实属愚昧之举。因为照片中的房间、沙发与自家的完全不同。当发现靠垫买太多时，我开始考虑减少一些，却又遇到了“该保留几个”的难题。

最初我保留了3个，到后来变成2个。最后终于确定下来，变成了今天的“只有1个靠垫的生活”。我想，也许原本就只需要1个。

当大脑和眼睛开始习惯空无一物的空间和空旷的风景，我开始思考挂在墙上的装饰画是不是也有点多余？东西越少，就越能发现很多装饰根本没有必要。即便是以前非常想要、好不容易才买回来的东西。

这样突如其来的“不再需要”，让我真真切切地体会到了无常也并非坏事。

客厅只有一个工业风的灯具，
装在墙上，装饰、实用两不误，
打扫起来也很轻松。
房间里东西变少，想乱糟糟都很难。

19 空旷的房间，用小小的画框装饰干净的白墙

我住的出租房玄关特别狭窄。以前，我一直嫌弃它小，没有足够的收纳空间。不过现在，我非常喜欢这里的极简氛围。

墙上只装饰着一个 A4 大小的画框，里面是一张印着字母“H”的包装袋。其实，这是枕套的外包装。

不过是张包装纸，拿出里面的商品后就会沦为垃圾。按照我以往的习惯，它一定会被扔进垃圾桶。但一想到这个“H”和我喜欢的设计师有关，代表着我心爱的家居用品品牌，我就无法一弃了之。这根本不是极简主义者该做的事。因为丢不掉，我总担心会受人批评，还偷偷地藏在家里了一段时间。有一天，我突然想到可能正是因为藏起来才觉得不

快，便坦然地将它挂在空荡荡的玄关作为装饰，结果看起来棒极了。

在舍弃大量物品后，有一段时间我曾彻底放弃了家居装饰。玄关的画框让我重拾了装饰的乐趣。

这双拖鞋是放在玄关穿的。
为了看起来更清爽，平时我会放进鞋柜里。

玄关清爽干净，与画框相得益彰

放在玄关的还有两个白色的铁桶。里面放了防水喷雾、防晒袖套、鞋子护理套装、防虫喷雾等物品。这些东西放在玄关方便出门时携带或使用，但如果全部摆放在外面，又会显得太过杂乱。用这两个铁桶收纳这类物品真是最好不过了。而且铁桶结实耐用，还能当作换鞋的板凳。

以前，我家玄关处堆满了杂物。本来就非常狭窄的过道内还放了三四个鞋架。打扫起来特别困难，鞋子上也落满了灰，特别糟心。当时，我根本没想过要减少鞋子的数量，而是一心认定鞋子增加后多买几个鞋架堆起来就好。看着现在宽敞的玄关，实在无法相信以前竟是那样一番景象。现在，玄关小小的鞋柜里，不仅放着我们夫妻俩全部的鞋子，还有大量空位。

人的喜好、审美和价值观是会发生变化的，一旦懂得了这种空旷的美感，就再也不会让玄关变成过去那样了。

餐厅墙上装着亲手打造的置物架

在舍弃大量物品后，我一度非常害怕“物品”。当然，真正惧怕的并不是物品本身，因为物品并无好坏。我惧怕的是物品再次增多，又变回过去的自己。

我在餐厅墙壁上装了一个置物架之后，我的这种恐惧得到了缓解。这个小小的置物架现在是我放置心爱的“EAT”马克杯的固定位置。平时我会插一支尤加利进去，正月里则会换上缀满红果的接骨木，梅雨季节又会换上小小的绣球花，就这样以极简的装饰展现四季的流转。

20 我家的极简化——从一个小小的抽屉开始

以极简生活为目标，舍弃了大量物品，一鼓作气打造“空无一物”的家，这一切的契机源于我家厨房里一个小小的抽屉。

对于爱做饭的我而言，这是我一天之中打开次数最多的抽屉。原本这个抽屉里放了很多物品，又脏又乱，都有点不好意思示人。明明是经常用到的地方，却如此杂乱，也可能正是因为频繁使用而疏于整理，才变成一个老大难问题。

在决定过清爽舒适的生活时，我最先整理的不是客厅和衣橱这类较大的空间，而是厨房的这个抽屉。这个抽屉并不大，集中精力认真收拾，连 10 分钟都用不了。

现在，抽屉里装的都是我平时常用的调味料、保鲜膜、保鲜盒以及小型的烹饪用具。里面物品的颜色是我最喜欢的黑色、白色、透明和不锈钢色，简单又统一。每次打开美观又整洁的抽屉，都会让我心情雀跃，舒畅愉快。

少量物品与干净整洁带来的愉悦感令我十分满足。

整理干净一个地方后，就会想继续整理其他地方

虽然总想着要把家里收拾得干净整洁，可如果东西实在太多就会不知道从哪里下手。另外，将整个家收拾干净的工程量太过浩大，想必很多人还没开始就已经打起了退堂鼓，或是在迈出第一步前就乱了阵脚，先泄了气。

遇到这种情况，我强烈建议大家先从一个小小的抽屉开始整理。

不论是常用的厨房抽屉，还是收纳文具的抽屉，都可以。“整洁”的星星之火很多时候都是从小小的地方开始形成燎原之势的。

大量物品带来安心感的同时，也伴随着不方便

看到 P091 抽屉的照片，你会为物品之少而感到惊讶吗？

事实上，即便将抽屉装得满满当当，每天实际用到的东西也并没有几样。

这个抽屉里的东西看起来并不多，但你发现了吗？日常必需的东西，如平时一天的生活中可能用到的工具都已收入其中了：放有书写用具的笔盒、剪刀、计算器、透明胶带、眼镜、打包用的塑料绳、橡胶带等。

不论是文具还是其他用品，希望现在还拥有大量物品的人能意识到这些东西并不是必不可少的。我们真正会用到的只占其中很小的一部分而已。

一个人在 24 小时内实际会用到的东西，其实并没有那么多。不论是极简主义者的我，还是其他的普通人，我们使用的物品数量应该都不会有太大的差别。

这样的抽屉可以胜任计算、打包以及其他简单的事务性工作。
我再也不用为了找东西而在家中转来转去了。

21 那些幸好没扔的物品

2016年秋天，我突然产生了一种想舍弃一个“大件”的冲动——把餐柜丢了吧！

那时，我的舍弃已告一段落，家中也没有什么非常明显的不需要的物品了。但身为极简主义者，我总觉得有点闲得慌，于是想到要舍弃一个大件。因为好久没有丢东西了，我不禁热血沸腾起来。

“总有一天，我要把餐柜给丢了！”如果实在没办法舍弃，至少要把餐柜的大小缩减一半。

我和餐柜之间的战火就这样熊熊燃烧了起来。

一个人拆解、涂装巨大的餐柜

一番心理斗争后我决定缩减餐柜，就是只舍弃了餐柜的上半部分。剩下的下半部分正好作为厨房的吧台。

将上半部分拆解处理掉之后，接下来的工作就是改造翻新下半部分。我不仅为背板上了漆，还将看起来有些陈旧的柜体整个重新刷了一遍漆。

最终，我仅凭一己之力就成功地翻新了老餐柜。

改造翻新后的餐柜和之前相比，简直判若两物。新餐柜不仅能作为做菜时的辅助台面，还是一个小型的水吧。我偶尔还会把笔记本电脑放在这里，站在旁边做笔记，高度也刚刚好。

曾经那么干劲十足地想要舍弃掉的餐柜，现在已经成了我在厨房活动时不可或缺的一部分。

丢，还是不丢？没有标准答案

在舍弃大量物品后，难免会发生这种情况——“啊，那个要是没丢该多好！”我想，很多不擅长舍弃的人，大多都是因为害怕这种“万一”吧！果断地做出判断，是丢，还是不丢，在任何时候都不是一件容易的事。

“如果我舍弃了整个餐柜会怎么样呢？我会为此后悔万分吗？”不，不会出现这种情况的，因为人总是更倾向于认为自己做出了正确的选择。

正因为当时没有舍弃整个餐柜，现在的我才会一边夸赞自己的动手技能，一边心满意足地用着新餐柜，也才会忍不住感慨“没有整个丢掉真是太好了”。作为一个看到什么都想丢的“舍弃狂人”，我现在居然能说出这种话，是不是有点不可思议呢？

完成了餐柜的改造后，
用惯了的老厨房好像重获新生，
变得清爽又舒适。

22 极简空间中最难处理的是水槽下方的收纳

开始在博客“h+and”上发布文章后，我将家中的真实情况毫无隐瞒地分享给了我的读者。不仅是客厅和餐厅，就连盥洗室、厕所和橱柜也都一一分享。其中，被我拖到最后才敢公开的便是厨房水槽下方的空间。

那扇双开门的背后，散乱地堆放着大量物品，我实在是羞于公开。当时，那里放了 2 个大小不同的铸铁锅、2 个平底锅、1 个高压锅，1 个金属锅以及 1 个平底锅锅盖。另外，还有 1 个油壶。

后来有一天，我终于下定决心。在博客上发表宣言，与读者约定，在不久的将来要公开“铃铃希家的隐秘之地——水槽下方”！

令我没想到的是，一旦给自己规定了一个期限，并且明确地说出来之后，会有如此立竿见影的效果。我长期拖延、迟迟未能实现的舍弃迅速得到了有效的推进，在整理收纳的过程中，我成功地舍弃了犹豫已久的高压锅和油壶。

收纳厨房小家电的理由

我家的厨房是典型的小厨房。也许很多人会觉得，这样的厨房很难整理或收纳物品。其实并非如此。因为东西少，厨房收纳会变得更加简单，就连小家电也能全部收入柜中。

很多厨房小家电并不是每天都会使用，所以每次我在使用完这些小家电后都会将它们收起来。虽然也有人会质疑这样做是不是很麻烦，但将不经常用的小家电收纳起来，可以让它们远离油烟与灰尘，不容易弄脏。总之，不论是维护、管理还是清洁，都会变得非常轻松！

工具类挂起来收纳。使用文件盒收纳琐碎杂物。
忍不住想让大家参观的水槽下方，一直保持干净整洁。

不用的电器拔掉电源插头！这才是极简的真意。
现在我已经彻底告别小家电上黏糊糊的污渍了。

23 盥洗室与洗衣机周围要保持清洁与统一

我家盥洗室与洗衣机周围的整理原则是保持清洁与统一。

目前我居住的是建筑年份超过二十年的老出租房。正因为老旧，所以才更想要保持明亮、清洁和舒适。精挑细选的黑色、白色以及透明的物品，营造出了充满“极简风”的家居氛围，让人忍不住想多看几眼。

不仅清晨洗漱时心情会更好，洗衣服的动力也更足了。清洁与统一战胜了狭窄与陈旧，这里是我最喜欢的空间之一。

将洗涤剂装入设计简洁的瓶子里

如果总以麻烦或不想去做作为借口而选择逃避，人生就会变得一事无成——曾经有人这样教导我。

要说一点都不麻烦，那肯定是不可能的。虽然有些麻烦，但我还是想要将洗涤剂装入瓶子里。因为我太喜欢纯白的统一感了。

这样的方式不能称作“极简”，也许有些过于讲究了，甚至可能是多余的。但装入瓶子后会有一种无法言状的美，令人无比欣喜。

超市和商场的洗涤剂卖场里色彩泛滥，让人眼花缭乱。以至于如果不一一确认文字说明，就有可能会买错。

而我家的洗涤剂瓶子上，只有“1”“2”“3”等极简的标识。正因为简单到不能再简单，所以不可能弄错。每当有人称赞“太整洁了，还以为是刚搬进这里呢”，我都由衷地感到高兴。

在视觉上统一成白色的清洗空间是我的快乐之源和用心之处。而保持这种状态已经成为我生活中的一种信念了。

少买与囤货，哪一种更极简？

在践行极简生活的过程中，我们在面对“对持有的物品的数量进行极简化”和“对购物耗费的时间进行极简化”这两个终极选择时，常会对选择数量还是时间感到头疼不已，难以抉择。

我认为这个选择是因人而异的，不过就盥洗室的用品而言，我会选择后者，因为我更希望能减少购物耗费的时间。

所以，虽说是极简主义者，但我也储存了不少东西。像洗涤剂、清洁剂、牙刷这类东西，我更喜欢多买一些囤起来。

如 P103 的照片所示，我家的盥洗室还是挺空的。大量囤货都整齐地放在盥洗台下面的柜子里，空间还有富余。

“1”是洗涤剂，“2”是柔顺剂，“3”是专用洗涤剂。
我用防水标签将它们区分开，清楚明了。
囤货全部放在盥洗台下方的柜子里。

24 收纳空间要整齐美观——极简主义者的“壁橱美学”

排毒，即排出身体中积累的老废物质和毒素，从而让身体变得更健康。老废物质与毒素虽然无法用肉眼看到，却能实实在在地堆积起来。这是一个很简单的道理，但是如果不说出来，我们平常是很难意识到的。

其实，不仅身体需要排毒，我们居住的空间也需要排毒。在居住的空间里，那些长期放置不管而积累起来的“老废物质”与“毒素”是可以清楚地看到的。

可能很多人会这么想：“只要把看得到的地方整理干净不就行了吗？”“谁去别人家里会特意打开壁橱和收纳柜翻看呢？”

有段时间我也有过这样的想法。这反映出的不仅仅是我对待居住空间的整理收纳态度，还反映了我当时的人生观——只要把表面收拾得干净漂亮，只要在他人眼中看起来很幸福、似乎过得还不错，就可以了。

那时，我家的壁橱里简直杂乱无章。虽然我也买了很多收纳用品和工具用于收纳，可无奈家里的东西实在是太多了。每次打开柜门，都会让我变得焦虑又烦躁。因为我知道那里藏着“毒素”，即使关上门很整齐，但自己知道是在自欺欺人。

定期将物品全部搬出，重新整理收纳

如果希望过上使用少量物品的舒适生活，就必须将壁橱和收纳柜里的东西全部搬出。这样才能非常直观地看到自己到底囤积了多少东西。

在整理收纳的过程中，最重要的是直面现实。要正视“悉心保存多年但一直没有用过且今后也不会用的”这一类物品。

我每年都会定期将壁橱里的物品全部搬出。大型收纳空间是居住空间的“脏器”，毒素则更容易堆积在这类外面看不到的地方。

将存放的东西全部搬出来，连拉门也一并卸下，用吸尘器把每个角落都清理干净。空空如也的壁橱看起来就好像一个令人心旷神怡的茶室。重新审视每一件搬出来的物品，只将需要保留的物品再次放回去。我重复进行这样的操作，但不可思议的是每次都能发现不再需要的物品。

只要体验过一次这样的“排毒”，知道了“健康”的壁橱应该是什么样的，就再也无法回到堆满“毒素”的壁橱了。所以请一定要尝试一下，全部搬出！

看不见的收纳反映出一个人的本性

客厅的收纳柜也是如此。里面放着家庭相册、茶叶、茶具、清洁用具和家用药箱等。必需品一应俱全，还留有一些空余的位置。

我常常想，别人看不到的地方，才是这个家的真实状态，才是居住在这个家里的人的“隐藏本性”。取用物品只需2分钟，再花2分半钟放回原位。有没有觉得这样的收纳棒极了呢？

就算自己拥有的物品已经很少，也要定期全部搬出，因为人是会变的。
所以需要坚持不懈地审视自己拥有的物品，

客厅里的收纳柜。
水和茶饮选择保质期印在瓶身上的产品，
撕掉彩色的包装纸存放在收纳柜中。

壁橱的门内侧挂着围裙和清洁地板用的静电拖把，
线容易缠在一起的耳机和祭祀用品也挂在这里。

25 明白什么是真正需要的物品，才有空间存放防灾用品

我家的“一次避难用品[1]”收纳在小型行李箱中。有段时间，这些东西被放在了收纳用的小推车里，后来为了在紧急情况下能快速取出，改放到了又轻又结实还能上锁的行李箱中。

存放在小推车时，只是将各类物品随意散放。这样做既不便于整理，找起来也很不方便。所以现在，我们使用小包或洗漱袋按照使用目的将物品进行分类收纳，简单明了。不仅便于整理，而且分类用的包装袋在避难时也很有可能会派上用场。

---

1 一次避难用品指发生灾害后立刻随身携带前去避难所的物品。

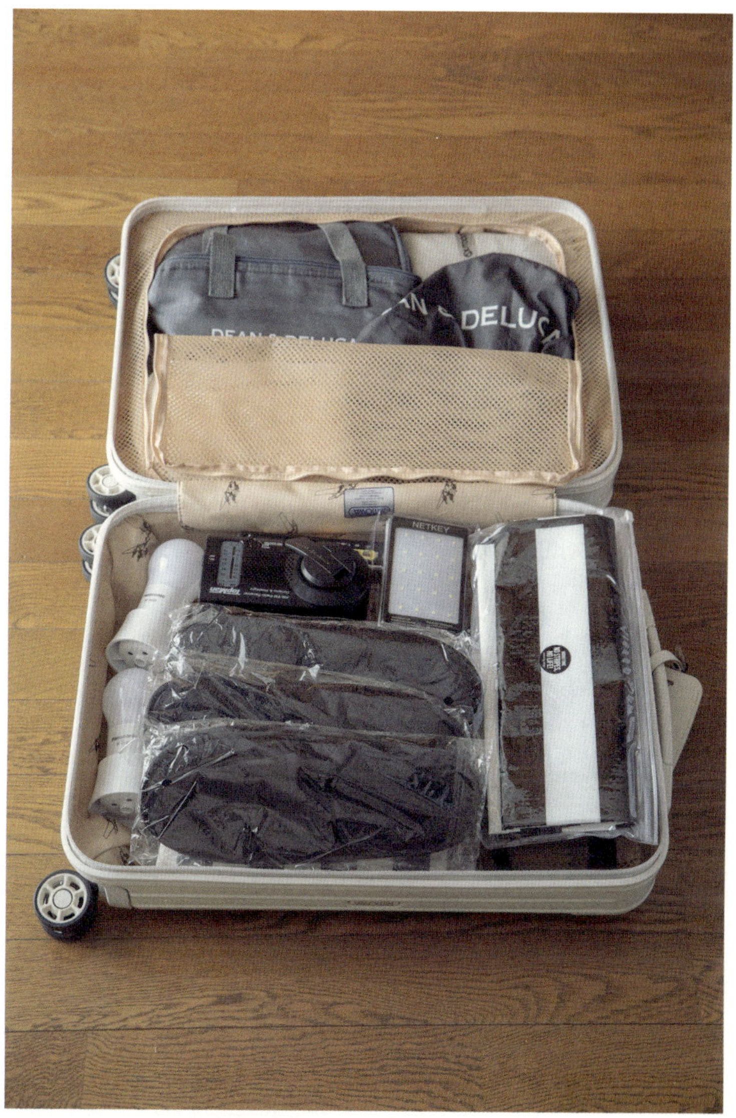

在分类收纳时，用到了保冷袋和自封袋。
将它们整齐地装入袋中，看起来很舒服。

我家的一次避难用品分为五大类。有收音机、电池等信息用具，口罩、湿巾等卫生用品，手电筒等照明用具，纸盘、筷子等餐具以及折叠凳、拖鞋等暂时性生活用品。还有全家每人一个的安全帽放在其他地方。而饮用水、茶和糕点（不需要烹饪的高热量食品）等“二次避难用品[1]”，则算在日常备货中。以长期储备的方式在日常生活中准备好，这就是我家的避难防灾应对法。

使用喜欢的物品，让准备和定期整理变得更轻松

虽说防灾用品是为紧急情况而准备的，不过我还是尽可能地选用自己喜欢的物品。我觉得选用自己喜欢的物品，在定期整理时能避免拖延，提高整理意愿。

防备灾害，这是我在过上“持有少量物品的生活”后才做到的事。在为管理大量物品焦头烂额之时，我根本没有准备防灾用品的想法和心理余地，完全忽视了这件重要的事。

1　二次避难用品指发生灾害进行避难，确保自身安全后，返回家中拿出的避难物品。

极简家务
让我学会感恩

CHAPTER

26 仔细打扫厕所是必不可少的日常功课

每天早晨家人外出后，我立刻就会做的家务便是扫除。把餐厅的椅子搁到餐桌上，先用吸尘器吸一遍地板，然后用拖把把每一处都仔细拖一遍，再在玄关处洒上水，最后用抹布把家里整体擦一遍，扫除就完成了。

在每天的扫除中，我最重视的是厕所的打扫工作。我开始认真打扫厕所已有十多年了。当时，《打扫厕所能提升财运》《开运扫除法》这类书特别流行。所以，我是抱着这样的动机开始认真打扫厕所的。相比改变人生和提升运势，我一开始满心想的都是提升财运，脑子里全是钱、钱、钱。

虽然最初的动机是想提升财运，不过开始认真打扫厕所之后，我便一直坚持到了现在，这真是一个奇迹。从下定决心的那天起，我每天都在认真地打扫厕所，从没落下过一天。有时身体不适，其他地方的扫除工作会暂停，但只有厕所是特殊的，每天都会打扫。

每天打扫厕所改变的是自己

坚持每天打扫厕所十多年后，我终于明白了一个道理。

每天坚持认真打扫厕所，真的能够提升运势。虽然一点一滴很细微，但确切无疑。而且提升的运势并不仅限于财运。

每天打扫厕所，究竟带来了什么改变呢？是改变了家人，还是运势呢？不，都不是。改变的是自己，是自己的内心。因为自己改变了，周围也会一点一点地开始改变。打扫厕所看似是扫除的一个小环节，其实是与自己面对面的重要时刻。

通过每天的打扫，我渐渐发现自己能为他人做些什么，对周围的人也常怀感恩之心，在面对生活时也变得积极乐观，更加珍视每一个当下。

这些都是我过去不擅长和容易忽视的事。虽然很难用语言表达，不过通过打扫厕所，我发现了自己的不足之处。这就是打扫厕所带给我的改变。

即便看起来很干净也要坚持每天打扫

如果你也想尝试打扫厕所，可以先坚持三天。总之请坚持“每天”打扫，即便看起来很干净，即便觉得昨天刚打扫过。最重要的是“每天打扫”。我想，你一定很快就会发现，越是每天都做的事情，就越轻松。

因为每天都要使用，那理所当然每天都应该打扫，就是如此单纯的想法。

现在，我已经不会再期待打扫厕所能提升运势了。每天认真而投入地擦拭厕所，对我而言就是一段如参禅般的宝贵时光，这已成为我每天必不可少的重要功课。

我每天都会将厕所地板的每个角落都擦得干干净净。
这恐怕是我家中最干净的地方了，
厕所的地板或许比客厅和厨房的地板都干净。

27 收衣服、叠衣服、收纳，一气呵成

在我立志成为极简主义者之前，我家的阳台十分“壮观”。我热衷园艺，所以整个阳台就变成了绿植的海洋。当然，亲近泥土与绿植的生活让我很快乐。不过，台风一来，快乐就成了灾难。每次台风来袭，我都得将盆栽和相关用具一件一件搬进室内，台风过去之后再搬回阳台。然而下一周，新的台风又来了，这样的过程又会重新上演一遍。家里的东西一多，小事也成了大事，说的就是这种情况。

要想控制阳台上物品的数量，做法与壁橱、收纳柜的收纳整理正好相反，不妨尝试“全部搬入”吧。就是提前假设台风等自然灾害来袭，要如何将物品全部搬入。重点是在灾害发生时，能否独自一人快速而不费力地将东西全部搬入

室内。

小小出租房里的小阳台，现在已经变成专门用于晾晒衣物的极简模式了。阳台上只放了晾衣竿、多头晾衣架、圆凳、水桶和拖鞋。没有一件物品会让生活变得复杂。

虽然清洗和晾晒令人愉悦……

洗衣服是我非常喜欢的家务之一。不过我最喜欢的也只有清洗和晾晒这两个步骤而已。清洗和晾晒是如此令人愉悦，可之后的收衣服、叠衣服和收纳，却让我感到非常无聊！不仅是我，我周围的朋友们也都这样认为。

我想大家讨厌的大概是那座“小山”吧。刚收进来的衣服杂乱地堆成小山，让人看着就心烦。所以，我选择了不需要看到那座小山的方法，即不让洗好的衣服堆起来，让收衣服、叠衣服、收纳一气呵成。

尝试不“收入”洗好的衣服

我不会将洗好的衣服一次性“收入”，而是利用晾衣架顶部的平面，在“外面”就把它们全部叠好。除了挂在毛巾晾晒架上的擦手巾和浴巾，挂在晾衣竿和多头晾衣架上的小件衣物也像这样一收下来就叠好，边收边叠。

叠好一部分衣物后，我就直接拿去收纳的地方。此时的重点在于，从阳台“直通”收纳柜，不能在途中临时集中堆放在某处。要在“从阳台返回房间的路上”一鼓作气收拾完毕。

天气寒冷的时候，在室外叠衣服多少有些痛苦。不过，寒冷会迫使人抓紧时间，反而能以最快的速度叠好，从而高效地完成衣物的收纳工作。这才是真正的短时高效。不仅如此，在室外叠衣服的话不会把花粉和灰尘带入房间内。这一效果在擦地板时也能清楚地看到。总之，在室外叠衣的好处实在是太多了。

令人厌烦的叠衣服在室外却能轻松完成。
将衣服从晾衣竿上取下来后直接叠好，袜子也能立马找到成对的那一只。

28 再见了，与被褥恶战的自己

我家壁橱之所以有这么大的空余位置，最根本的原因是我们家没有换季收纳的被褥（P125）。直到 3 年前，存放被褥对我而言都是非常麻烦的事。

被子每次用完后先要送去洗衣店清洗，拿回家还得腾出一大块空间存放保管。要防潮、防虫，天气好的时候还要经常拿出去晾晒。然而，不论如何打理，都没有新被褥那种柔软蓬松的触感。

为了更好地收纳被褥，我买过很多的专用压缩袋、被褥收纳袋和存放架，但收纳效果都不尽如人意。后来，我决定不再耗费精力收纳换季的被褥，开始一种新的生活方式，即每年新买一床价格适中的新被褥。

秋冬用的被褥用三季就换新

秋冬的被褥从10月底开始一直用到次年7月初，用三季就丢掉。可能有人会说："你看看，还极简主义者呢，东西稍微用一下就丢了。"或者也可能有人会说："你这样对待物品，一点珍惜之意都没有啊。"也有人曾惊讶地问我："每年丢一床被褥是一种什么样的体验？"

对我而言，丢弃使用了近9个月的被褥，感觉就像丢掉一件连续穿了9个月的内衣一样。一件内衣270天每天穿8小时，我想没人会这样穿衣服吧？

虽然被套会定期清洗，但很多东西应该都透过被套渗入到被褥中去了。所以我不会觉得丢弃它浪费可惜，只会为充分使用了一件物品而感到神清气爽。充分使用后丢弃，到了来年秋天再买一床新的。

重新购买省钱又省事

如果我家用的是几十万日元一套的高级被褥，或许我也会因为丢弃后要重新买而犹豫不决。然而，我家的被褥一套不过6000日元（约合人民币380.4元）左右。

请换成衣服思考一下。丢弃一件价值三四百元、春秋冬三季每天都穿的衣服，你会怎么想呢？而且被褥的使用频率远远超过衣服，所以我认为早就回本了。

而且打理被褥也是一笔不小的支出。洗衣费、防虫剂、收纳用品等，若是将花费在其中的劳动力也换算成金钱成本加在一起的话，你就会发现，这些费用加起来和每年买一床价格适中的新被褥差不多。

对我而言，打理被褥曾经是一场恶战。我仿佛赌上了家庭主妇的尊严，在为荣誉而战。可后来却发现，费尽心力地打理与重新购买价格适中的新被褥相比，所花费的成本相差无几。于是，我告别了这样的恶战，内心也变得更加轻松。

当早晚变得微凉，我便拿出新的秋冬被褥。
钻进崭新松软的被窝的那一瞬间，
我感受到了无与伦比的幸福。

29 可以用一辈子的晚餐菜谱

如果你问我最喜欢做的家务是什么，我会回答“做饭”。不过虽说喜欢做饭，但每天思考菜谱也是一件让人头疼的事，因为实在是太麻烦了。

于是，我找到了一个解决办法，那就是我家独创的“5周菜谱循环表”，即依次制作出5周、共计35天份的晚餐菜谱，然后循环利用。实践后我发现，这个方法确实不错。只要确定了晚餐的菜谱，就能有效减轻傍晚做饭的精神压力。

每天的菜谱都在5周前决定，并循环制作。这样一来，一辈子都不用再想晚上吃什么了。而且，可以根据菜谱进行每周一次的集中大采购，食材也不会出现短缺的问题。

当然，也不用担心购买太多导致食材用不完，我实践了这个方法后，就再也没出现过食材放到腐烂不得不丢掉的情况。这真是个省时省力的好方法！

确定了菜谱，食材也齐全，真的令人特别安心。就连外出吃饭的次数也明显减少。如此一来，一整天不花一分钱的日子也随之大大增加了。

早餐和便当用的食材也能顺便提前处理

在准备晚餐时，顺便处理第二天的早餐和午餐要用到的食材，并分成小份储存起来，这会让第二天的家务变得更轻松。虽然会占用一点时间，但与第二天一早从零开始做相比，提前准备好能轻松很多。

不过在我家，早餐和便当的菜品不能做好成品后直接储存。因为如果将做熟能吃的菜品放在冰箱里，我先生会直接拿出来吃掉。所以一般我放入冰箱的食材都会做一下特殊处理，肉得是生的，薯类也得是硬邦邦地放入冰箱。真是一点都不能大意。

5周晚餐菜谱循环表

从A周到E周，
然后回到A周再次开始。
重点是设计5周而不是4周的菜谱。
这样每个月都相差1周，
防止出现“每月初都吃这个……”
这种单调的感觉。

A周周六晚上的“肉末茄子黄豆咖喱”，
家人更喜欢C周和E周的咖喱，
不过我的最爱是这款黄豆咖喱。

A周

MON	寿喜烧、秋葵天妇罗、生鱼片
TUE	鸡肉佐烤欧芹酱、蔬菜杂烩、意式腌鱿鱼（或乌贼）
WED	炸鱼排、筑前煮[1]、豆腐汤
THU	回锅肉（与青椒肉丝交替）、凉拌豆腐、海藻山药沙拉
FRI	姜汁烧肉套餐
SAT	肉末茄子黄豆咖喱、凯撒沙拉
SUN	炸物拼盘佐塔塔酱套餐

B周

MON	炖牛肉（与奶油炖菜交替）、炸鱼排、牛油果沙拉
TUE	炸卷心菜肉饼、鱿鱼煮山药、和风洋葱拌金枪鱼
WED	涮涮锅（与内脏锅交替）、烤鲣鱼
THU	炸鸡块、韩式土豆烧肉、韩式冷菜
FRI	烤鱼、日式猪肉汤套餐、高汤蛋卷
SAT	炸鸡胸肉饼套餐
SUN	小寿司、小份天妇罗拼盘

* 有3道菜的晚上是小酌的日子。

1　一道日本家常菜。主要原料是鸡肉，配料有魔芋、牛蒡、芋头等，通过慢火炖煮的方法制作而成。

C周

MON	关东煮、生鱼片
TUE	炸猪排、凉拌彩色时蔬、竹荚鱼干
WED	鸡翅、泡菜锅、醋拌黄瓜裙带菜
THU	炙烤牛肉（与煎牛排交替）、土豆沙拉、意式腌白芦笋
FRI	法式香煎三文鱼套餐、焖饭
SAT	嫩煎鸡腿佐洋葱碎酱汁套餐
SUN	牛肉咖喱（与鸡肉咖喱交替）、德式土豆

D周

MON	猪肉天妇罗、盐烤扇贝和芦笋、竹荚鱼生鱼片
TUE	烤肉配生菜、中式鸡胸肉沙拉、凉拌豆腐
WED	咖喱锅（用炖饭收尾）、烤青花鱼
THU	春卷、麻婆豆腐、多春鱼
FRI	汉堡肉饼套餐
SAT	烤三文鱼佐蘑菇奶油酱汁、意式杂蔬汤
SUN	南蛮鸡块、煮羊栖菜

E周

MON	自制叉烧、白菜猪五花叠叠锅、毛豆
TUE	天妇罗拼盘、照烧鱼块、醋拌黄瓜和小银鱼
WED	煎饺、白萝卜炖翅根、凉拌小松菜
THU	肉汁茄子焗菜（与番茄奶油焗菜交替）、通心粉沙拉、橄榄油浸沙丁鱼
FRI	炸土豆饼套餐
SAT	金枪鱼盖饭（与海胆盖饭或鳗鱼盖饭交替）、蛤蜊汤、煮萝卜、蛋卷
SUN	牛肉土豆咖喱、金枪鱼白萝卜藕片沙拉

C 周周四的炙烤牛肉会切几片留作次日早餐。
第二天早上用它做三明治。

炙烤牛肉还能放入沙拉中。
焗咖喱是值得期待的明日午餐。

30 每人拥有 13 件杯碗盘刚刚好

若是极端的极简主义者，杯碗盘每人只用 1 件也是有可能的……

不过，在我家，每人拥有的杯碗盘数量为 13 件。以前，我家也有着数不清的杯子和碗盘，但随着极简生活的深入实践，慢慢减少到了今天这个量。

一个人 13 件，这是适合我们家的杯碗盘数量。

不多也不少，刚刚好。因为杯碗盘都是易碎品，有时可能也会不小心摔坏，不过我家已经很长时间都稳定在这个数量上了。

以前我家有很多杯碗盘，因为那时随时补足的意识特别强，摔坏一个马上就会买新的。但物品少了以后，即便摔坏也不会立刻补上，总会莫名地再坚持一阵子。我会将摔坏东西当成减少物品的机会。

如果实在觉得不方便，那才是真正的有需求。

不要轻易补充，先停下来观察一段时间很重要。

选择自己喜欢的餐具并长期使用

除了13件杯碗盘，我家每人还有5件餐具，即晚餐用的与甜点用的叉子和勺子各1把，汤匙1把。牛排等肉类我会切好后再装盘，所以我家没有专门准备餐刀。特别小的叉子感觉也没什么必要。

与经常需要换新的筷子不同，餐具基本都能够长久使用。建议大家不妨选择精心手作的系列产品，下决心买一套，这种感觉真的美妙极了。

A
F

左上角的杯子曾一度被当成装饰品使用。
后来买到了喜欢的装饰，
它便可喜可贺地回归到了杯子的身份。

31 利用 3 人份杯碗盘也能顺利举办茶会

我家所有的杯碗盘加起来正好可供 3 人使用，有一次却需要举办一个 8 人茶会。这着实让我焦虑了起来："怎么办？我家所有的餐具都分别只备了 3 件啊！""不再买几个杯子的话，可能会不够吧！"

然而，我所担心的情况并没有发生。我没有另外再买杯子，茶会也顺利举行了。为什么呢？因为 8 位朋友中有 2 位想喝冷饮。盛热饮的杯子正好有 6 个，冷饮可以用玻璃杯。就这样，餐具就够用啦！

不够用的咖啡勺我选择用木质搅拌棒代替，并选购了配勺子的甜品。若是关系亲密的朋友来访，用饼干当成零食来招待也完全没问题。

现在的我由衷地认为，没必要为了偶尔一次的茶会特意购买整套用具。

换作是过去，遇到这种情况，我一定会毫不犹疑地添置购买。我会借“周全的准备”之名匆忙购置，理所当然地买下只有那种特殊场合下才用得上的东西。也不会顾及餐柜已经塞得满满当当，或是当时有多次大笔的开销，手头正紧。

聚餐选用自助式或分餐坐席式

有多人在家用餐也是一样的方法。如果超过三个人一起吃饭，即可采用将菜放在大盘中自行取食即自助的形式。

座椅不够，则可让客人分散坐在桌边和沙发上。又不是开会，没必要非得让全员都围在同一张桌子边。可以让客人自由选择座位，这样就能解决座椅不够的问题。

衣服也好碗盘也罢，少一点也没关系

这样一来，茶会和聚餐会让人感到凑合或寒酸吗？根本不会。因为这种形式不拘谨，客人可以在自然放松的状态下聚会、用餐，大家一起沉浸在悠闲的氛围中，共享“极简风”

的茶会。客人们反倒可以满意而归。

衣服也好碗盘也罢，甚至椅子也是如此，没有就没有，少一些就少一些……日子照样能过得有滋有味。

那种专门用来送礼的多人份套装杯碟，我反而觉得非常没有必要。因为这种用途过于局限的餐具用起来真的很不方便。

需要给每个人都准备一样的杯子和餐具……
只要抛弃这个观念，稍微下点功夫，
就能轻松、妥善地招待客人。

化妆用品放入收纳盒中。这类不限用途的盒子非常方便。
外出旅行时只要整个放入旅行箱就行。即使上面压着别的东西，里面的化妆品也能完好无损。

极简消费
让我“物欲、存钱双满足”

CHAPTER

32 简单又有效的存钱法——不买自己不满意的东西

当我坚持了整整一年没买一件新衣服时，我真的感慨万分。对于成为极简主义者之前，每年都在无休止地购入新衣服的我来说，这是我人生中的一次大逆转，甚至连自己都有些难以置信。

以前我曾想象，如果真的达成“一年不买衣服的纪录”，大概会乐得想放几个礼炮，然后高举美酒庆祝一番吧？然而，真正迎来那个瞬间时，我的内心却异常平静。

在开始不买衣服的前六七个月，我时刻在意着“纪录”，总有种不自在的紧张感。过了那个时间点以后，我甚至忘记了“自己在刷新不买衣服的纪录”这件事。我不再对不买衣服抱有特殊的关注。

我认为，“与己无关”是非常强大的心理状态。因为人不会担心那些与自己无关的事，亦不会为此而感到不安。

让买衣服变成一件“与己无关”的事，是一个非常大的挑战，幸运的是我成功了。整整一年，我都不再想要买新衣服了。换个角度看，这也证明了我的衣服已经够穿了。没有比这更令人高兴的事了。

“不存钱可不行”曾给我带来巨大的压力

立志成为极简主义者之前，我的脑海中总是充斥着购物的念头。换一种说法，“想买的东西”为我带来了内心的安定。这是一种类似于我还有下一个目标的念头。所以每次我买了这件，就会立刻开始寻找下一个想要的东西，如此循环往复。现在看来，这真是令人费解的心理。

那么，这种焦虑状态的背后到底隐藏着什么呢？

“寻找想要的东西”听起来有些滑稽。因为想要的东西并不是刻意寻找出来的，应该是不经意间自然浮现在心头的才对。

我总是在寻找自己想要的东西。浏览电商主页，看杂志，看社交媒体……不论如何也无法停下自己购物的冲动，这为我带来了极大的压力。

不买新衣服可不行，购物踩雷可不行，不去看看杂志上今年必买的单品可不行，不去洗衣店干洗可不行……不行，不行，永无止境的不行。

在这些“不行”之中，还有一个最迫切而恐怖的终极魔王，那就是“不存钱可不行”。

尝试不买自己不满意的物品

买衣服、买鞋、买包包，都需要花钱。可以说，存不下钱的一大原因就是把钱都花在了购物上。这一点一直让我苦恼不已。365 天，我每天都被这个念头所困扰。啊，真的好想存钱啊！

终于，我找到了一种简单、有效且毫无风险的存钱方法。那就是“不买自己不满意的东西”。超级简单吧！

这种方法可谓是简单粗暴又原始，但效果确实立竿见影。不满意就不买，那自然不会乱花钱，这种方法能够即刻生效。

比如，有时候我们想买一件 3000 元的东西，又觉得太贵，便想节省一点，买个 1000 元的平价品来替代，那还不如不买。那 1000 元就应该留在手里。随便买几件替代品花费的金钱，加在一起轻轻松松就能超过原本想买的那件东西的价格，而且内心还无法完全得到满足。

所以我决定停止这种做法，再也不这样买东西（散财）了。

从那之后，我便开始不费吹灰之力地存下钱了。

33 错误的购物会导致“散财连锁反应”

你体验过“散财连锁反应”吗？那是从一不小心买了一样不太协调的东西开始的惊悚至极的散财循环。

也许看到这里，已经有读者朋友会惊呼：“我知道了！我就是这样的！”

不想承认自己购物踩雷的固执

尽可能地想要拥有自己没有的东西——这是人的一种本能。人们更容易看到新的东西、未知物品的价值，也会对那些东西更感兴趣。所以在买新鞋时，总想选择自己没有的新颜色或新款式。

这大概是出于一种“反正是花同样的钱，买一个与手头款式不同的更划算”的心理吧。对于我们的大脑来说，相比自己已有的衣物，更倾向于认为新东西才是更好的。

比如，当我新买了一双米色的高跟鞋，刚买完时我心里会十分欣喜，觉得自己买到了一件好东西，甚至还会认为有了这双鞋就能跟上今年的潮流，变身为时尚达人。然而，我会很快悲伤地察觉到，只有鞋子是新的流行色，根本没法搭配衣服。我的其他衣物都是黑色、白色、灰色和深蓝色，只添一双米色的鞋，根本无法完美地搭配在一起。

然而，即便如此，我依然固执地不愿承认是自己购物踩了雷，不愿意坦然地承认自己买错了东西。

接下来发生了什么事呢？我想到了买一件米色针织衫搭配米色高跟鞋的“蠢主意”。于是，可怕的连锁反应就开始了。

“为了不浪费”的乱花钱开始了

为了不浪费这 2 万日元（约合人民币 1268 元）买来的高跟鞋，我又买了一件 2 万 5000 日元（约合人民币 1585 元）的针织衫。然后将针织衫与鞋子穿上一看，感觉还是不太和谐。打开电脑，我又开始检索擅长米色搭配的时尚博主的穿搭。

啊，原来如此！米色要配金色的首饰和焦糖色的包包，还要配上与针织衫同色系的披肩。只要买齐这些单品，就能穿好这双米色高跟鞋了！于是，我在“散财”这条路上越走越远。首饰 1 万 2000 日元（约合人民币 760.8 元），又买了一个比较贵的包，花了 5 万日元（约合人民币 3170 元），披肩稍微妥协一下买了条 1 万日元（约合人民币 634 元）的。整个算下来，一共花了 11 万 7000 日元（约合人民币 7417.8 元）。

买到最后，我终于发现自己根本就不适合米色……如果感觉哪里怪怪的，就应该立刻承认是自己买错了，然后尽快将不合适的物品舍弃。如果无法做到这点，就无法斩断“散财连锁反应”。啊，想想真是太可怕了！

想买短靴时，
我发现了黑色高跟鞋搭配同色系短袜的穿法。
于是将“散财”的念头扼杀在了摇篮中。

34 我的舍弃原则——关于“循环再利用”的思考

充分使用，一直用到物品的极限为止。我虽然是极简主义者，但至今为止还没有这样充分使用过一件物品。都说要珍惜物品，不过不同的人对此有着不同的看法和原则。我心中认为的一件物品的“完结”与物品本身的“完结”其实未必一致。

我会舍弃物品。不过我会趁着物品处于之后还有人愿意使用、被人需要的状态时就舍弃。对我来说，“对物品的敬意”正体现于此。我希望尽可能地避免将一件东西用到谁都不愿意多看一眼的状态。特别是衣服。

虽然我买过很多衣服，也丢过很多衣服，按说没资格说这句话。不过，我对买来的衣服都十分珍爱。即便是买来几乎没穿过几次就舍弃了的衣服，也一直保持整洁的状态并悉心收纳着。虽然最终舍弃了，也确实是浪费了，但准确来说，这类衣服是属于“太过珍惜而舍不得穿”的类型。

大概是因为这种心理，在舍弃时，为了它的下一任主人能愉快地将它穿上，我总会尽可能地让衣服保持一个良好的状态，在它作为一件物品还具有价值以及仍会被需要时就舍弃。这是我的原则。

将舍弃的衣服仔细护理后再送去循环利用

我虽然是个“疯狂爱舍弃”的极简主义者，但某个一般人都会丢掉的东西，我却保留着。那就是衣服的吊牌。

以前在大量购买衣服时，我会立刻丢掉吊牌。不过开始精简衣橱后，我反而用心将吊牌收集并保存起来。这是为什么呢？

没错，是为舍弃衣服而做的准备。为了舍弃时能派上用场，才不丢弃吊牌。

舍弃衣服时，我主要利用的是二手衣物上门回收服务。我会将那些要舍弃的衣服仔细打理并折叠好，然后附上购买时的吊牌。打包衣物时，我总是全身心地投入。虽然我也知道，如果不是非常昂贵的衣服，有没有吊牌根本不会影响回收价格，但我还是想要这样做。在舍弃衣服时用心保持美好的状态，是我对它们的“敬意”。这就好像是一场与衣服的告别仪式。

重要的东西，应该在仍有价值的状态下送出

过上使用少量物品的生活后，我也保留了这种做法。不论是衣服、包包还是鞋子，我总是以有一天要舍弃为前提，时刻保持一种“限时”的感觉。我觉得这样很好。

为了让喜欢的物品不失去价值，在使用时我会加倍珍惜。一旦自己心中的“完结”之时到来，我就会将它们送走。多亏了这个习惯，我比以前更加珍惜身边的物品，用起来也更加仔细小心。我的举止也变得更加优雅了。

衣服不可能成为终身单品。因为不论哪件衣服，总有一天会迎来舍弃别离之时。

我习惯保留衣服的吊牌。
使用二手衣物上门回收服务时，
我会附上吊牌，
怀着感恩之心将旧衣服送走。

35 买贵的反而比买便宜的更能存下钱

我买现在穿的这双运动鞋时，稍稍有些“颤抖”。这是各种意义上的颤抖——“真贵啊”的颤抖，“一直好想要这双鞋”的颤抖，还有“我穿这么贵的鞋真的好吗”的颤抖。最后一种颤抖说来还有一些悲伤呢。

在购买稍微有些贵的东西时，我一般都会与上述情绪搏斗一番。这个毛病恐怕这辈子都改不了了。

成为极简主义者前，我根本无法想象自己有一天会买一双超过 5 万日元（约合人民币 3170 元）的运动鞋。谁都会对某种物品进行价格上限的设定。对我而言，能花在一双运动鞋上的上限金额大概是 2 万日元（约合人民币 1268 元）。

每一件都很贵，那总价呢？

不论新的运动鞋有多贵，也无法与每季购入大量不怎么穿的那些鞋子的总价相提并论。确实，就单双鞋来看，它们比我现在手头上的任何一双鞋子都便宜得多。当时我买的最贵的鞋也就 1 万日元（约合人民币 634 元）左右。因为高于 1 万日元的鞋在那时的我看来真的是天价了，实在是舍不得买。

然而，这些不怎么穿的 30 多双鞋，总共的花费估计能轻松超过 30 万日元（约合人民币 19020 元）。如果再考虑到每年的累积，金额就更惊人了。以前，我就是这样不断购入不怎么穿的鞋，大量散财的。如果再算一下买包花费的钱，单是想想就足够令人惶恐不已。

我计算了一下目前手头鞋子的总价：5 双加在一起，大约 13 万日元（约合人民币 8242 元）。2 只包总计约 20 万日元（约合人民币 12680 元）。

这个金额，是高还是低呢？

买了贵东西，却存下了钱！

鞋子的总价与包包的总价加起来，费用绝不算低，但我认为，这是合理的花费。

不论是从物品的性价比考虑，从个人的喜爱程度考虑，还是从我最看重的使用频率考虑，我都认为这个价格非常合理。

最近，我觉得自己体验到的是过去人生中从未有过的“奢侈购物”和“爽快支付”。不过，这样计算下来，相比过去购买大量便宜物品时，现在的开销反而要小得多。这一事实让我备受震撼。我购买了相比过去贵得多的东西，却存下了钱。自己并没有刻意节约，却能得到满足，又不费力地有了一定的存款。这一切都是因为我不再散财。这是开始极简生活之前，我完全无法想象的、令人欣喜的变化之一。

买自己最想要的东西。体验真正的满足。
正是这样的体验让我控制住了“浪费癖好”。

36 钱财有限，所以更应该只买真正想要的东西

如果有用不完的钱，想要的东西都能随便买，那该有多幸福啊！以前，我一直是这样认为的。昂贵的物品，只有那些经济非常富裕的人才能买。这种观念在我的内心根深蒂固。然而，事实果真如此吗？

就算只有有限的金钱，不是也能买到想要的东西吗？正因为钱财有限，所以才更应该只买想要的东西吧。

如果我有 15 万日元可以随意消费，换作是过去的我，绝不可能用这笔钱买一只 13 万日元的包。因为实在太浪费了！只买一只包，钱就所剩无几了。

我肯定会先买一只 3 万日元的包。因为这样还剩 12 万呢。接下来，2 万日元的裙子、3 万日元的鞋、5000 日元的豪华

午餐以及 3 万日元的针织衫，这些都在我的购物清单里，而且每一样都没有那么贵，所以我花起钱来眼睛都不眨一下。

可是很奇怪，等回过神来，钱包里却只剩 3 万 5000 日元了。我到底把这 12 万日元花到哪里去了呢？真的一点印象都没有。

用这种方式购物，我根本无法切实地感受到自己花了很多钱，也丝毫没有“买到了真正想要的东西”的满足感。你有过类似的经历吗？

购买真正想要的物品，物欲自然会消失

又有满足感，又能存下钱的秘诀其实非常简单。

只买最想要的东西，仅此而已。

不要随意散财或毫无知觉地重复购买便宜货。买一个自己真正想要的东西，切身体验这份喜悦感，然后更加珍惜地去使用。只要体验过一次这样的幸福感，便会在不知不觉间忘记那些备选品了。

“只要这个就好，别的都不需要了。”——这样的想法非常重要。一旦有了这种想法，“买下一件东西的物欲”便会不可思议地烟消云散。为了将来的某一天能买到真正想要的东

西，你一定会认真存钱。最终，我们都会变成这样的自己。

只买想要的东西就能存下钱！

我再次老生常谈一下，自以为节约而不断购买低满足度的东西，会不知不觉地散财，花费的钱最终会远远超过那个原本想要的物品的价格。偶尔买下自己消费能力以内的高价物品，我想这才是可以存下钱的最好的购物方式吧。正因为钱财有限，所以只买真正想要的东西，只与自己的“真爱”携手。

不用忍耐，无须节约，也不必再妥协——这是既能获得满足感又能存下钱的新习惯。赶快尝试一下吧！

极简生活
让我懂得真正的满足

CHAPTER

37 跟风购买，其实是为了逃避恐惧

过去的我非常热衷购物，一有空闲便打开电脑，开始思索接下来买什么好。那时，我一买东西就停不下来，是个不折不扣的购物狂。那时的我习惯在社交媒体上寻找“接下来买点什么”的最新情报。

时尚达人不断发布精美的照片，让我一下子变成了他们的粉丝。窥视憧憬着对方的日常生活和日用品，还有他们新入手的物品，真是太有趣了。浏览他们每天更新的“品质生活”，曾是我甘之若饴的日常功课。

在浏览这些信息的过程中，“想要的物品清单”会无限膨胀。用关键词检索喜欢的品牌和中意的单品，一个无限广阔的“想买”的世界便展现在我的眼前。

而且，社交媒体上的时尚博主和杂志、电视上看到的那些专业造型师不同，他们的穿搭总给我一种自己也能轻松模仿的亲近感、日常感和零距离感。我一边看，一边忍不住发出各种感慨："啊，这个好想要，那个也好想要！""原来大家都有这件单品呢！"

社交媒体的美妙世界也许只是幻象

我有一个至今都特别爱用的包包，就是那个时期买的。而买它正是因为我受到了社交网络世界的重大影响。在社交媒体上，每一位时尚博主都不约而同地选择这款包，不论怎么搭配看起来都非常可爱。

距我下定决心购入这只让我憧憬不已的包包，已经过去了3年，然而在现实世界里，我却从没遇到过别人拿同款包。可在社交媒体上，看起来似乎每个人都有这只包。

这是怎么回事呢？活跃于社交媒体上的时尚达人都去哪儿了呢？难道说，亲近感、日常感和零距离感全部都是幻象吗？又或许"大家都有"只是我将自己的物欲正当化的借口。

也许我一直在逃避自主思考，不知道什么才是自己真正想要的。

我真正害怕的是被人认为“穷酸”

说句真心话，在我心中有一个强烈的念头，那就是“虽然身为极简主义者，但绝对不想被人认为穷酸”。因此，在开始少量物品的极简生活后，我曾长时间无法舍弃两只赛琳（CELINE）的包包。

明明极简生活已经走上正轨，我也切实感受到了拥有少量物品的美好。可那两只包对我而言就是珍宝，毕竟那曾是时尚单品中长期处于万人之上地位的“绝对王者”。要舍弃这样的物品，对于当时的我来说是一件非常不容易的事情。赛琳的包是桎梏住我的虚荣心的最后一块磐石。

在刚购入那两只包时，不开玩笑地说，我曾真心认为如果失去它们，我就活不下去了。有时稍微被雨淋到一点，或是有点小划痕，就能让我在内心发出悲鸣，然后为此消沉不已。我想，拥有一件珍贵的物品就应该是这样。虽然让人高兴，却也十分忧虑。

开始考虑是否要舍弃它们后，我也犹豫了很久。我心中的天平在“想拥有”和“丢了也没关系”之间摇摆不定。

自己到底在怕什么呢？我反复扪心自问，终于有了答案：我害怕的并不是失去包，而是怕被人认为“穷酸”。不知道为什么，当我坦率地承认这点之后，便轻松地舍弃了这两只包。

因为不用了，自然要舍弃。这是多么稀松平常的道理啊！

没关系，就算不用名牌包也不要紧，我自身的价值根本不会因此而发生任何改变。

38 包里的物品反映了一个人的生活全貌

遇到与自己意气相投的人并不是一件容易的事。想知道初次见面的人与自己是否合得来，我有一个提议，这样做应该能了解个八九不离十。虽然我自己也还没尝试过这个方法。那就是打开包，互相查看包里的物品。

只要确认了包里的物品，我想应该就不会看错人。包里的物品比嘴更能说会道，它们能反映出很多细节。

包里的物品是一个人的生活方式与审美情趣的直观体现。查看包里的物品，能让我们一目了然地把握一个人的“为人”与“选择标准”。人们常说，随身携带的物品数量，正是一个人“不安情绪的量”。你包里是什么样子的呢?

用小包的人，家里更整洁？！

包里装着各种物品，而且塞得乱七八糟，但家里却十分整洁。这样的人是不存在的。

包里的物品风格统一，可家里的家居与装饰品却搭配得乱七八糟。这种情况也极少发生。

“包里的物品”与“包包主人的气质”总有些共同点。不太会出现两者之间相差过大的情况。

假设有几位女士在餐厅共进午餐，她们的包从小到大（物品从少到多）的顺序与家中的整洁程度应该会基本呈现正比关系。因为包里的物品正是“生活的缩影”。

想开启清爽的生活，不妨从整理包包开始

包里的物品，或家里的东西，不论先后顺序如何，一个人只要将两者之一整理妥当，总有一天两者都会变得干净整洁。因为一旦其中一方变得整洁美观，就会开始在意另一方是否同样整洁。

人会生理性地无法接受包里或家中有一方十分脏乱，因为两者之间舒适度的巨大差异会让人产生强烈的心理落差。

如果你也想开启清爽的生活，或许可以先有意识地从两者中任选其一，着手开始整理。

毫无疑问，倘若要选一个整理的起点作为开端，整理包包可比收拾家轻松得多。当包包收拾整齐后，我们的思路也会变得更加清晰。

除了带孩子的时候，我随身携带的物品就只有这几件。

因为不想让包变得太重。

39 有必要为“不速之客”的到来提前准备物品吗？

我的家现在几乎空无一物。其中我特意不再配备的一类物品，就是为“不速之客”准备的用品。首先，在我的生活中，不可能有人不打招呼、不发信息，就突然登门造访。

退一百步，即便有不速之客上门，届时无法完美地招待客人真的是一件让人不好意思的事吗？

有可能运气比较好，正好家里有现成的精美茶点待客，但不打招呼就登门的人，才更应该不好意思吧？就算拿不出东西招待对方也很正常，完全不用感到不好意思。只要家里打扫干净，房间收拾整洁就足够了。

这种时候，与其勉强在家招待客人，不如邀请客人一起外出，出去喝杯茶或是去餐厅吃个饭，都是不错的选择。如果客人需要住宿，也可以马上在附近的旅馆订好房间。

待客用品真的用得上吗？

刚结婚那会儿，我曾在家中备齐了招待不速之客的物品。全套的茶具、各种茶叶、精美的咖啡杯碟套装、备用的碗盘、客用拖鞋、坐垫、毛巾、寝具……还有莫名的紧张感和虚荣心。

因为我一心认定那些都是必需品，理应全部买齐。然而，从某个时间点开始，我渐渐察觉到这其中的问题。这些东西好像根本用不上。因为想象中的不速之客并没有出现，于是我决定舍弃这些物品。

最开始丢掉的是客用被褥，紧随其后的是全套的茶具。

后来仔细想想，不论哪一件物品都可以在有需求后再买，“假想需求”并一次性买入真是太浪费了。那个时候，我曾确信无疑地认为它们都是必需品，就算一年也用不上一次。但我就怕“万一”，所以一直备在家中。

无法招待不速之客也不用不好意思

不再纠结是否有人会突然登门拜访，也不再强求自己不论何时都必须完美招待客人，然后我整个人都变得轻松多了。丢弃了一大堆待客用品，让我获得了“空无一物”的幸福感与内心的平和。

就算没能为不速之客端上精美的茶点，没能为他们准备好被褥，又有什么不好意思的呢？

不论用得上还是用不上，都要好好准备的，恐怕只有防灾用品。毕竟为保护家人做准备更为重要。

我家没有一件待客用品。我认为就算有人突然造访，
只要家中收拾得干净整洁就足够了。

40 3 年的极简生活，让我在“不舍”中学会了“舍”

年轻时，我觉得开怀大笑或与亲朋好友喝啤酒、尽情玩闹的放松时间是快乐的时间。不过随着年龄的增长，我的看法逐渐发生了改变。

现在的我更喜欢一头扎进自己喜欢或感兴趣的事之中，全身心地投入那些无法边笑边做的事情，会收获更多的快乐。

舍弃正是如此。那是一个人默默面对物品的孤独时刻。那段时间确实有些痛苦，甚至哭泣的日子比欢笑的日子更多，但舍弃的日子对我而言，虽然痛苦但真的很快乐。或许快乐与其中蕴含的痛苦，本身就是无法分割的一个整体。当我深陷舍弃的旋涡时，也曾觉得真是受够了。然而现在看来，那段全身心投入的时间是多么的美妙，我甚至觉得曾经努力奋斗的自己闪烁着光芒。

比起漂亮的家居用品，我更喜欢空荡荡的感觉

最近，我购入了一本以整理为主题的新书，这是我以前就非常喜欢的时尚造型师写的。内容还是很棒，不过，书中的很多理念我都不再完全认同。

过去的我一看这位造型师的书，那可真是停不下来。碗盘、锅还有衣服，不论书里介绍什么都想买。就因为买了一本书，结果有了更大的开销。

所以这次买书时我也有些担心。如果书上有好多我想要的东西可怎么办，能忍住不买吗？我没有信心。好不容易舍弃了大量物品，如果受到喜欢的作者的影响，又买了一堆怎么办？

然而，我已经不是以前的我了。就算看到了精彩的收纳，我还是更喜欢自家空空荡荡的壁橱。翻完整本书，想买的东西竟然为零。

知足者常乐，物欲自然消失

读完那本书，我的内心无比平静。连自己都吃了一惊，

甚至还觉得有些可怕。怎么回事？我竟然没有想要疯狂买同款的冲动。

在秉持着知足常乐的态度，实践极简生活的过程中，“物欲”这个怪物竟在不知不觉间消失得无影无踪了。过去的我曾畅想未来，想着要是哪天物欲真的消失了，我一定会觉得自己好像打了一场胜仗。可当这一天真正来临时，我的心情却有些不同。我感觉更像是“毕业”。不是胜利或诀别，而是从物欲“正式毕业”。非常严肃，又有些伤感，同时也十分欣喜。

我终于在千万次的“不舍”中，学会了“舍”。这种感觉与离开学校开始一段新的人生旅程所带给我的感觉非常相似。

现在我更希望将时间花在提升自己与家人的生活质量上。
相比购物，我更想打扫卫生。

41 极简生活得以持续的理由——“心”会离幸福越来越近

经历了 3 年使用少量物品的生活后，极简生活给我带来的改变不仅仅是拥有的物品数量减少了，房间变得更加清爽整洁了，我觉得改变最大的应该是我的“心”。使用少量物品的生活为我带来了点点滴滴的改变，让我一步一步不断成长。过去的我有太多的虚荣与掩饰。“拥有的物品数量”其实可以反映出一个人的“自卑程度”。

当整理收纳与打扫卫生的目的还停留在义务、面子或提升运势这种层次的时候，我的生活如一潭死水。打扫卫生总让我觉得麻烦，而整理收纳又是那么无聊。那时，幸福总是近在咫尺，可我却没有一颗感受幸福的“心”。

舍弃物品，收获对日常生活的感恩之心

过去的我在打扫卫生时会心生不快，丢弃物品时会忍不住掉眼泪。焦躁、不满的情绪让我感到窒息。我多想心情舒畅地生活啊。当我坚持整理、扫除和舍弃后，忽然领悟到其实自己真正想要丢掉的并不是衣服或物品，而是情绪糟糕的自己。每天擦拭的并不是马桶，而是自己脆弱的内心。所以，我开始舍弃，舍弃了很多很多东西。这样想来，丢弃东西当然是痛苦的，因为一起丢掉的，还有那个糟糕的自己。

丢掉不需要的东西，开始在空荡荡的房间中生活后，我找回了置身其中的那个“普通的自己”。谁都有对自己缺乏自信、痛苦不安的经历吧？那段日子里，我总有一种感觉会忽然涌上心头——那就是感恩。而让我发现这一切的，正是“扫除”“整理”和“普通的每一天”以及一直陪伴在我左右的最重要的家人们。

“现在这样便已足够”，发现这点就能收获幸福

立志成为极简主义者后，很多人会感受到幸福与运势提升，那是因为他们意识到了，目前拥有的一切已经足够，发

现这点就能感到幸福。当日常的美好被大量物品埋没时，幸福就会变得模糊不清。而现在则开始清晰地显现出来。我能切身地感觉到现在这样就已经足够。

富足感源自内心，我们会发现幸福早已充满在寻常无奇的日常之中。开始极简生活后，我才懂得了“感谢”这句话不应该是等着别人来跟你说，而要主动地将它表达出来。我很高兴自己能为家人做贡献，感觉自己第一次明白了作为一名妻子和一位母亲的真正意义。

在物品较少的今天，我依然坚持“一日一舍”的生活方式，也就是一天丢弃一件东西。这是因为我对使用少量物品的生活至今仍兴趣盎然。我不想停止直面自己，停止自己的前进与成长。所以，今天也好明天也罢，我始终坚持“一日一舍”。不断丢弃，并由衷地希望极简而舒适的生活能一直持续下去。

为了能够幸福地生活，今天也穿着喜欢的衣服。
普普通通的每一天才更要珍惜。

EPILOGUE 后记

一步，接着一步；一舍，又是一舍

初次到访我家的人，除了极个别的情况，大多都会十分震惊。因为家里整体给人的印象特别简洁、清爽。

另外，说话有回音也让客人万分惊讶。当物品很少时，家里就会变得空旷起来，说话的时候声音听起来会特别洪亮，就像在体育馆或大厅中一样。

等客人们回到自己家中，都会不约而同地告诉我："我也要开始整理了！""那些不要的东西我打算丢掉了！"像这样，让他人感受到使用少量物品生活的魅力，是无比愉悦的事情。

独自行走在一条未知的路上，谁都会有些害怕。然而，如果眼前就能看见有人已经走在这条路上了，还能预先知道自己选择的方向看起来还不错，是不是就有了向着新的生活方式迈进的勇气了呢？

如果这本书能成为你开始极简生活，实践“一日一舍”的契机，那我就太高兴了。

整理的终点每天都在更新，生活也将一直继续。过什么样的生活，都是我们自己的选择。没错，现在的你就能做出选择。我衷心希望这个观点能传达给每一位读者朋友。

成为生活博主对我而言是一个未知的挑战。感谢我的家人一直支持并鼓励我。当我面对出版的机遇畏首畏尾时，感谢我重要的朋友和极简主义的共同拥护者小 E，感谢他们一直保持恰到好处的距离感，不断温柔地鼓励我并为我加油。

我还要感谢发现并关注我的博客，一直伴随我成长至今的亲爱的粉丝们。

最后，感谢选择这本书，对我而言无可替代的你。

任何语言都不足以表达我内心的感谢之情。感谢，感谢你们！

铃铃希

图书在版编目（CIP）数据

一日一舍 / (日) 铃铃希著；安忆译. -- 南京：
江苏凤凰文艺出版社, 2021.6(2023.11重印)
ISBN 978-7-5594-5858-2

Ⅰ. ①一… Ⅱ. ①铃… ②安… Ⅲ. ①生活方式
Ⅳ. ①C913.3

中国版本图书馆CIP数据核字(2021)第078658号

版权局著作权登记号：图字 10-2020-448

一日一舍

[日] 铃铃希 著　安忆 译

责任编辑　王昕宁
特约编辑　周晓晗 王　瑶
责任印制　刘　巍
出版发行　江苏凤凰文艺出版社
　　　　　南京市中央路165号，邮编：210009
网　　址　http:// www.jswenyi.com
印　　刷　天津联城印刷有限公司
开　　本　880毫米 × 1230毫米　1/32
印　　张　6.25
字　　数　100千字
版　　次　2021年6月第1版
印　　次　2023年11月第3次印刷
书　　号　ISBN 978-7-5594-5858-2
定　　价　48.00元

快读·慢活®

从出生到少女，到女人，再到成为妈妈，养育下一代，女性在每一个重要时期都需要知识、勇气与独立思考的能力。

“快读·慢活®”致力于陪伴女性终身成长，帮助新一代中国女性成长为更好的自己。从生活到职场，从美容护肤、运动健康到育儿、家庭教育、婚姻等各个维度，为中国女性提供全方位的知识支持，让生活更有趣，让育儿更轻松，让家庭生活更美好。